立人天地

品义士

尹剑翔 / 著

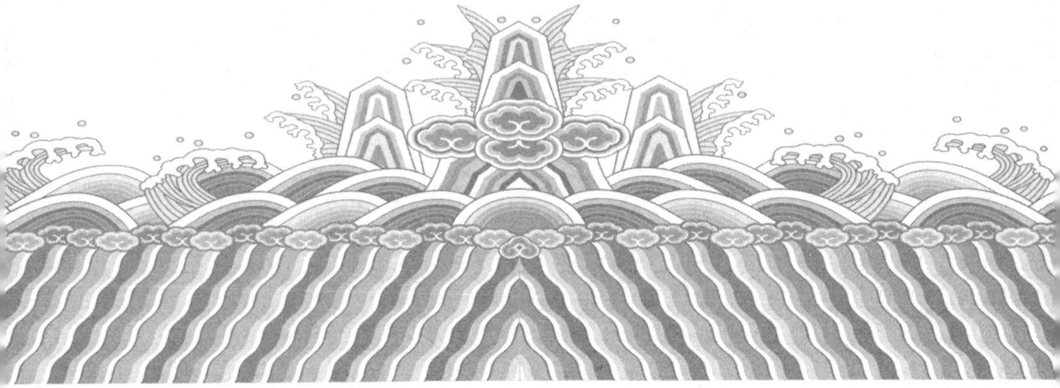

黑龙江教育出版社

序　言

近些年来，我一直在公司或是一些高校上一些公益课。课上多了，就多了一层体会，最直接的感触是：当代的青年到底怎么了？

在他们的身上似乎缺少了点儿血性！缺少了点儿骨气！好像还缺少了点儿正义感！这些元素叠加在一起，就变成了一种精神气质的匮乏！

我思索良久，觉得这似乎不是个别的现象，青年只不过是现实社会的一个投影罢了。

也许有人说这个时代的诱惑太多，让中国人迷失了自我，也许有人会说舶来的思想已经把本属于中华民族固有的信仰打破，但是我坚信这些活在当下的青年，依旧还保存着那丝朝气和幻想，这些正能量就蕴含在他们的血液和骨髓里，不曾消亡！

如何才能唤醒这种潜于他们心底的能量，是一个深奥且充满了挑战的课题。

躺在床上我辗转反侧，心里突然有了种莫名的躁动，于是有了写这本书的想法。

金庸先生曾在深圳演讲，谈及“当代人最需要继承和提高的是什么？”的时候，他说：“现在中国最缺乏的就是侠义精神。”

对于金庸先生的这句话，网友们立即吐槽，纷纷表示不理解，他们认为“侠义精神”是历史产物，已经过时，就像美国西部牛仔一样，鼓励用暴力解决当下的矛盾，对成长中的青少年能有什么好处?

面对这样的分歧，我一直在想，侠义精神到底是一种什么样的精神呢?

有人把“侠义精神”等同于打打杀杀的侠客行为，认为劫富济贫，替天行道就是“侠义精神”，我认为这种看法有着极大的片面性。

封建社会以来，中国法律制度不健全，社会上很多弱势群体无法得到救助，“侠客”的形象就应运而生，不管是东方社会的江湖大侠，还是西方的佐罗，他们打抱不平、救危解困，受到人们的爱戴。

换句话说，侠义精神并非挑战或者推翻现有的社会制度或者法律裁判，而是对国家制度出现空白后的一种民间力量的补救。单个的侠义精神体现在救助困难群体，而放大了的侠义精神则是民间力量对国家和社会的一种责任和态度，即所谓的“为国为民，侠之大者”！

当你在公交车上遇到扒手，奋不顾身地挺身而出见义勇为，这是侠义精神；当你面对贪污腐败忍无可忍，敢于检举揭发，这也是一种侠义精神。

《感动中国》节目中有一位王选女士，她坚持多年通过诉讼，为日本侵华战争受害者讨回公道，这些受害者和她非亲非故，但这件事她义不容辞地做了，并为此付出了常人无法想象的努力，这更是一种侠义精神。

我想说，侠义精神不是对除暴安良、劫富济贫的个人英雄主义的自我陶醉，而是民间力量对于社会不平等现象进行努力补救的一种社会责任感。

我们不缺少这种精神，缺少的是重新唤醒这种精神的良知和力量。

现实主义的蒙蔽或许能让这种豪情一时消减，但这种“为国为民、侠之大者”的精神不会消失，因为我们民族的血管中一直流淌着“侠义”的血液，我们要做的，就是唤醒中国人骨子里那种“侠义精神”。

我想借这本写古代义士的书，让我们在一个看似繁华，却近乎绝望的时代里，理解生与死的迷茫，破碎与希望的意义，让我们有勇气直面自己的人生，有勇气抗拒来自生活的压力，有勇气与非人道的行为作斗争，只有这样，我们的未来才有希望。

在繁忙的工作之余，组织起了十几万字的文稿，绝非易事。不多求认同，只希望大家对我的写作初衷多一些理解，这绝对不是一本弘扬武侠精神的小说读本，而是一本具有时代意义的义士散文。

最后要说，我也想做一个生活中的“侠义之士”！

尹剑翔

2014.6.30

目录 >>>

第一章
CHAPTER1

多情刺客，无情剑

鱼肠剑！最悲壮的刺客专诸

碧血剑！为复仇而生的刺客们

图穷匕见！最抢镜的刺客荆轲

对于刺客，似乎大家都觉得很神秘，很冷血！但是毋庸置疑，刺客也很有魅力！这是因为刺客杀人，并非为了金钱、美女，更不是为了高官厚禄。

他们的心中只有一个信念：“士为知己者死！”抱着这个信念，他们一步步走入了死亡的深渊，却留下了一个个悲壮的背影。

鱼肠剑！最悲壮的刺客专诸

一剑酬恩拓霸图，可怜花草故宫芜。
瓣香侠骨留残塔，片土居然尚属吴。

这是诗人秦颂硕为历史上的一位著名刺客专诸所写的诗。据说这首诗曾经刻在一座喇叭形的小塔上，这座塔就叫专诸塔，可惜它在1966年时被拆除了。

由于年代久远，史书中记载专诸的文字并没有那么浓墨重彩，所以比起其他的刺客来，专诸还算不上是个大牌儿！不过，专诸对于历史来说，却有着超乎寻常的意义，因为他直接决定了历史的走向。

专诸的人生是和历史上一位著名的人物联系在一起的，他就是伍子胥。

伍子胥，名员，字子胥，本来是楚国（今属湖北监利）人，春秋末期吴国大夫、军事家。

伍子胥的老爹伍奢曾为楚平王太傅，因受费无忌谗害，和其长子伍尚一同被楚平王杀害。由于有人通风报信，伍子胥才躲过一劫，从楚国逃到吴国，成为吴王阖闾重臣。公元前506年，伍子胥协同孙武带兵攻入楚都，伍子胥掘楚平王墓，鞭尸三百，以报父兄之仇。吴国倚重伍子胥等人之谋，西破强楚，北败徐、鲁、齐，最终成为诸侯一霸，当然这是后话了。

专诸到底是什么时候和伍子胥相识的呢？这还要从伍子胥当年投奔吴国的时候说起。

伍子胥逃难之时在街市之上偶遇了专诸，不过专诸的出场并不怎么光彩，他当时正在和别人打架。伍子胥只见专诸目深口大，虎背熊腰，英武有力，那气势颇有香港电影《古惑仔》里陈浩南的范儿，《吴越春秋》记载，专诸给伍子胥的印象是“其怒有万人之气，甚不可当”。

伍子胥虽然还在流亡途中，但是英雄惜英雄，他很想结交这位好汉。打架刚刚分出胜负（自然是专诸大胜），他就迈出一步，要和专诸搭话。

可此时，却听得远处传来了一个妇人之声，当时只闻其声，未见其人，是地地道道的“狮吼功”！

“挨千刀的，还不给老娘滚回来！”刚刚还沉浸在胜利喜悦中的专诸，竟然脸色煞白，灰溜溜地朝着声音的方向寻去，跟着一个婆娘回家去了。

伍子胥很是奇怪，便向路人打听：“这是谁啊？比这个大汉还厉害？”

好一顿打听，才知道，原来这专诸是屠户出身，整天打架滋事、惹是生非，天不怕地不怕，但唯独怕他老婆，只要老婆一叫，他马上回家。（《越绝书》：“闻妻一呼，即还。”）

伍子胥见到如此有意思的莽撞人，就更加想认识认识他了，于是寻到了专诸的家中。

专诸听闻了伍子胥想要结交他的来意，非常高兴，两个人畅谈起来，一个没落的贵族和一个身份低微的屠户，彼此竟然惺惺相惜。

伍子胥从专诸的言语中了解到，专诸其实是一个十分孝顺的孩子，对母亲的话言听计从。专诸母亲手中有一支拐杖，只要专诸出去惹是生非，回来必定是一顿拐杖招呼。但是他从来也不怨恨母亲，还对她孝顺有加。就像是拳王霍利菲尔德曾经说过的一句话一样：“能打我的只有我妈妈！”

一阵交谈后，伍子胥终于提出了一个萦绕在自己心头多时的问题来：“兄弟，你惧内吗？”

“惧内？”专诸很奇怪这个词。

“就是怕老婆！”伍子胥特别想知道答案，一个有万夫莫当之气的大汉，怎么会被一个女人拿住？

没想到，专诸哈哈大笑，然后说出了一句能载入史册，并成为至理名言的话：“能屈服在一个女人手下的，必能伸展在万夫之上。”

若干年后，电影《叶问》中，一代宗师叶问也说出了一句话来：

“这个世界上没有怕老婆的男人，只有尊敬老婆的男人。”

从对老婆的态度，就能看出一个男人是否能够成功！我只能说，英雄所见略同！

伍子胥认定专诸是一位敢于赴难的勇士，日后必有大用，就很想把他带在身边。可现在伍子胥自己的温饱都成问题，不要说再带上一个饭量不小的专诸了。所以伍子胥只好暂时辞别了专诸，向吴国的王宫进发了，但是他知道，这位义士，对自己，甚至对吴国都是一个举足轻重的角色。

伍子胥虽然成功地以自己的身份进入了吴国的政治中心，但是却不顺利，他一心想要报仇的梦想，并没有马上实现。

伍子胥进见吴王僚后，用攻打楚国的好处劝说他。这时吴王僚的堂兄公子光说：“那个伍员，父亲、哥哥都是被楚国杀死的，所以才怂恿你攻打楚国，他这是为了报自己的私仇，并不是替吴国打算。”吴王僚听后觉得似乎有些道理，就不再议伐楚的事了。

伍子胥非常生气，复仇大计眼看就要成功了，公子光干吗要横插一杠子？但是，做大事的人除了对自己老婆很好外，还有一个重要的条件，就是在盛怒之下，还能够冷静地思考问题。

事后，盛怒下的伍子胥终于冷静下来思考问题的关键，梳理清楚了这件事的来龙去脉。

原来，公子光的父亲是吴王诸樊。诸樊有三个弟弟，按兄弟次序排，大弟弟叫余祭，二弟弟叫夷昧，最小的弟弟叫季札子。

春秋之时，嫡长子继承制还没有被正式确立，各诸侯国间普遍采用了兄终弟及制。

诸樊知道季札子贤明，就不立太子，想依照兄弟的次序把王位传递下去，最后好把国君的位子传给季札子。诸樊死去以后王位传给了余祭。余祭死后，传给夷昧。夷昧死后本当传给季札子，季札子却逃避不肯立为国君，吴国人就拥立夷昧的儿子僚为国君。

搞来搞去，公子光就不平衡了，“如果按兄弟的次序，季札子当立；如果一定要传给儿子的话，那么我才是真正的嫡子，应当立我为君。你吴王僚算老几？凭啥跟我抢？”而伍子胥后来也分析出，他来到吴国投奔吴王，却没有把公子光这个嫡派继承人放在眼里，绝对是他的重大失误。

况且公子光具有相当高的才干，国家政务，吴王僚都要询问他，在吴国他的地位绝对算得上是一人之下，万人之上。

公子光当然知道伍子胥有很强的军事才能，如果一下子成了吴王僚的亲信，那么公子光很可能被边缘化，所以公子光才会故意说那些话，为的是让吴王僚不重用伍子胥，而自己就能继续担任这个国家离最高权力最近的人。

伍子胥终于厘清了吴国复杂的人际关系，马上就得出了结论：想要报仇，必须得到公子光的支持。

但是，公子光和吴王僚，这两个人的关系很微妙，选择谁，很重要。伍子胥很清楚，必须要站好队，自己才能有出头之日。

按照这个思路，伍子胥的脑子里突然出现了一个阴谋，他知道自己的那位知己专诸，是时候粉墨登场了。

伍子胥于是便把专诸推荐给公子光，公子光问道："此是何人？"伍子胥说道："死士！日后必有大用。"

两个聪明人是不需要用太多的言语去沟通的，公子光明白了伍子胥的心意，他一心只想报父兄之仇，至于你们吴国的国主到底是谁，不关我事！不过，现在我很看好你，公子光。

伍子胥自然也明白了公子光的心意，公子光有在国内夺取王位的企图，他打算杀掉吴王僚，但总不能公子光亲自动手，专诸是最合适的人选。

于是，专诸顺理成章地成为了公子光的座上客。

公子光得了专诸，并没有像对待下人一样对待他，而是对他礼遇有加。府中凡是有赏赐，必然有专诸一份，公子光还把专诸的老娘和老婆接来，他们一家过起了悠闲富足的生活。公子光隔三差五就派人给专诸家送钱送粮，给专诸母亲送好吃的饭菜。

这样的生活一下子过了九年，这九年，异常平静，什么事都没有发生……

一直嚷嚷着要报仇的伍子胥突然消停了，他深居简出，似乎过上了与世无争的寓公生活。而公子光也格外地平静低调，专诸也不再惹是生非，过着他的幸福生活。

但这一切不正常的现象背后，是三个男人的心，紧紧地靠在了一起，野心、复仇之心、勇敢的心，当这三颗心汇聚在一起的时候，发生的事情便是天大的事情了。

吴王僚九年，伍子胥的仇家楚平王死了。这年春天，吴王僚想趁着楚国办丧事的时候，派他的两个弟弟公子盖余、属庸率领军队包围楚国的潜城，派延陵季子到晋国，用以观察各诸侯国的动静。

按说，这种事，伍子胥应该跑到最前面，然后请求带领军队讨伐楚国才对，但是伍子胥没有，仍旧做他的寓公！因为他知道吴王僚难成大事，报仇的事还得公子光上台后才能完成。

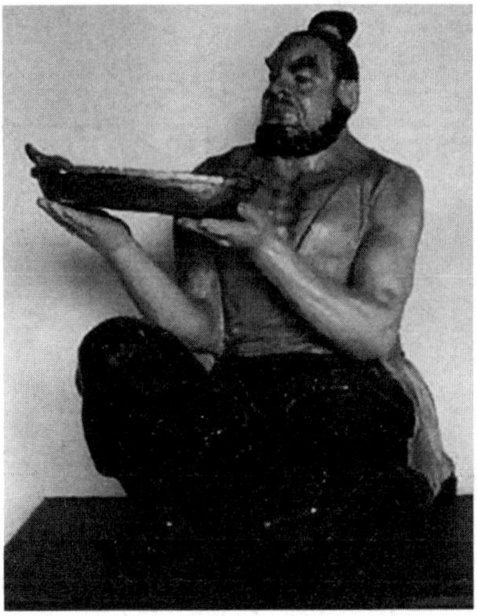

专诸献鱼肠剑

果然，楚国立即出动军队，断绝了吴将盖余、属庸的后路，吴国军队不能归还。出兵不利，这给了公子光一个重要的契机，可谓机不可失，失不再来！

这时，公子光终于找来了专诸。

专诸为这一天准备了很多年，他从没有问过公子光希望他做什么，只是默默接受公子光对他的好处。

这一切，已经不能简单地理解为专诸是一个杀手，他不是杀手，而是刺客，刺客和杀手的不同之处在于杀手为钱杀人，刺客为了信仰而杀人。

专诸的信仰就是他眼前的公子光，这些年他和公子光朝夕相处，知道此人必成大器，他为能帮助公子光完成他的大业而感到无比的自豪。

公子光道："现在吴王僚的嫡系部队，全部在外被拖住了。这个机会不能失掉，不去争取，哪会获得！况且我是真正的继承人，应当立为国君，季札子即使回来，也不会废掉我呀。"

专诸说："我有把握杀了吴王僚。他两个弟弟带着军队攻打楚国，楚国军队断绝了他们的后路。当前吴军在外被楚国围困，而国内没有正直敢言的忠臣。这样吴王僚还能把我们怎么样呢。只是……"

专诸似乎还有难言之隐，公子光以头叩地说："我公子光的身体，也就是您的身体，您身后的事都由我负责了。您的母亲我会奉养，您的儿子我会视如己出。"

专诸就在等公子光的这句承诺！

专诸并非是个莽撞之人，他早就猜到公子光养自己这样的死士就是为了对付吴王僚，早已洞悉了杀机的专诸，日夜不停地在思考怎样才能干掉吴王僚。

原来吴王僚并不好对付，平常出行保镖不离左右，而且常常穿着三层厚的铁甲，即便可以接近他，怕是也伤他不得。

专诸知道吴王僚爱吃烤鱼。所以他就专程去太湖边学烧鱼之术，练得一手烧烤鱼的好手艺，这时他把自己计划多年的暗杀计划告诉了公子光：给吴王僚上一盘香喷喷的烤鱼，藏一把锋利的宝剑在鱼肚内，伺机行事。

公子光暗暗竖起大拇指，看来万事俱备，只欠东风。

专诸虽然感于公子光的厚待而决心以死相报，也得到了公子光的承诺，但是他还是放不下自己的母亲。

专诸的母亲知道了儿子的心事，将儿子叫到跟前，用从来没有过的细语安慰专诸，大丈夫立于天地之间，当做名垂青史之事，不要因为家庭小事而遗憾终生。然后，她对儿子说自己口渴，要专诸去取清水来喝。专诸去取清水，回来后发现母亲已经吊死在后堂了。

专诸大哭，他的母亲以死断绝了儿子的犹豫之心，免除了专诸最后的顾虑。死士当如此，我想说此时的死士并非只是专诸，还有他的母亲。

失去至亲的专诸一心求死，当然临死前他要带一个人和他一起走。

这年四月丙子日，公子光在地下室埋伏下身穿铠甲的武士，备办酒席宴请吴王僚。

吴王僚并没有意识到危险的存在，但是他的卫队却从来没有放松过警惕。吴王僚的卫队从王宫一直排列到公子光的家里，门户、台阶两旁，都是他的亲信。夹道站立的侍卫，都举着长矛，长矛上的寒光，阴森恐怖。

吴王僚和公子光两个人开怀畅饮，喝酒喝到畅快的时候，公子光假装脚有毛病，进入地下室，然后把一把短剑交到了专诸的手上。

别看是把短剑，却是春秋时著名的铸剑大师欧冶子亲手所铸五大名剑中的两把小型宝剑之一，那真是削铁如泥！

一切就绪，专诸端着一盘刚刚烤好的鱼送到了吴王僚跟前，就像饭店的服务员，会为客人处理一些菜品一样，专诸用手掰开鱼，像是要给吴王僚撕成小片后再吃。

没想到刚刚还像一个奴仆一样伺候主子的服务生，却突然露出了森冷的獠牙。专诸突然趁势抽出了短剑，刺向了吴王僚的胸膛！霎时间，吴王僚的鲜血如同江流喷洒而出。

实事求是地说，吴王僚的侍卫反应并不慢，因为在吴王僚被刺死的两三秒内，专诸的身体也被插上了几把宝剑。但是，对于保镖来说，这样的反应速度还是会被判定为不及格。

公子光趁机放出埋伏的武士，诛杀吴王僚的部下，将其部属全部消灭。而在府外站着的武士们自知主公已死，抵抗已经没有意义，全部投降了新国王。

剪除了吴王僚，公子光于是自立为国君，这就是历史上赫赫有名的吴王阖闾。

阖闾于是封专诸的儿子为上卿。将那把短剑永久封存，并取名为鱼肠剑。

专诸生前曾希望自己死后葬在泰伯皇坟旁，吴王阖闾厚葬了专诸，如今鸿山东岭仍有“专诸墓”。相传无锡市大娄巷的“专诸塔”，是阖闾替他葬的优礼墓，但在“文革”破四旧的时候被拆除了。

春秋末期，有一个值得关注的社会现象，便是职业刺客的大量涌现。

刺客是一批生活在民间、不图富贵、崇尚节义，身怀勇力或武艺的武士。他们与某些权贵倾心相交，为报知遇之恩而出生入死，虽殒身而不恤。晋国的豫让、吴国的专诸、要离，都是春秋末期最为著名的刺客。

正如章太炎所分析的：“天下乱也，义士则狙击人主，其他藉交报仇，为国民发愤，有为鸱枭于百姓者，则利剑刺之，可以得志。”

而他们中的佼佼者，便是专诸！在他的身上我们能看到悲壮的死去，也能看到精彩的活着！

刺客也是义士，因为他们有着自己的政治信仰，并敢于为这种信仰付出生命，这正是义士的情操，是义士身上最为宝贵的气质。

碧血剑！为复仇而生的刺客们

俗话说宝剑配英雄！看历代大侠的手中，都好像要有一把宝剑，才算得上是大侠。

比如《三侠五义》里的展昭，《卧虎藏龙》里的李慕白，都是使用一把宝剑，横行天下。

一比武，只会舞刀弄枪的人物，要不就是些小喽啰，要不就是二三流的侠客。他们和那些拿着宝剑的英雄相比，在江湖上可就差着行市了。

为什么持宝剑的英雄会如此受人尊重呢?

这是因为宝剑一直都是高贵身份的象征，过去家里如果墙上挂着一把剑，绝非是用来辟邪镇宅的，那是在告诉来访者，这家的主人翁地位颇为尊贵，莫要轻率行事。

大家看到孔子的画像上，孔子的腰间挂着一把宝剑，并不是说孔子武功多强，要显摆显摆，那是说明孔子在说自己很有地位。

宝剑之所以成为身份的象征，很大程度是因为宝剑制作的过程相当困难，自古有“十年磨一剑”之说。有的时候，铸剑甚至还会送上一条人命。

碧血剑的故事就发生在战国时期，干将是楚国最有名的铁匠，他打造的剑锋利无比。干将有这样的本事，是因为他有个无比厉害的师父，他的师父就是前文提过的，制作鱼肠剑的欧冶子。

当年，欧冶子铸剑在越国那是出了名的。楚王命令风胡子到越地去，寻找欧冶子，叫他制造宝剑。

但是，欧冶子告诉楚王，我不造假冒伪劣产品，我制造的宝剑必须需要特殊材料才行。

楚王一拍大腿，那有何难？我出路费，先生您尽管去找。于是欧冶子走遍江南名山大川，寻觅能够出铁英、寒泉和亮石的地方，只有这三样东西都具备了，才能铸制出利剑来。最后他来到了龙泉的秦溪山旁，发现在两棵千年松树下面有七口井，排列如北斗，明净如琉璃，冷彻入骨髓，实乃上等寒泉，就凿池储水，即成剑池。

欧冶子又在茨山下采得铁英，拿来炼铁铸剑，就以这池里的水淬火，铸成剑坯，可是没有好的亮石可以磨剑，欧冶子又爬山越水，千寻万觅，终于在秦溪山附近一个山岙里，找到亮石坑。发觉坑里有丝丝寒气，阴森逼人，知道其中必有异物。于是焚香沐浴，素斋三日，然后跳入坑洞，取出来一块坚利的亮石，用这亮石慢慢磨制宝剑。

欧冶子经两年之久，终于铸剑三把：第一把叫做“龙渊”，第二把叫“泰阿”，第三把叫“工布”。

这些宝剑弯转起来，围在腰间，简直似腰带一般，若手一松，剑身即弹开，笔挺笔直。若向上空抛一方手帕，从宝剑锋口徐徐落下，手帕即分为二。斩铜剁铁，就似削泥去土，之所以如此，皆因取此铁英炼铁铸剑，取这池水淬火，取这山石磨剑之故。

楚王见剑大喜，赐此宝地为剑池湖，唐乾元二年此地置县就以第一把宝剑为县名，叫龙渊县，因避唐高祖李渊名讳“渊”字，改叫“龙泉”，一直叫到今天。为了纪念龙泉宝剑鼻祖欧冶子，后人在剑池湖建了剑池亭和欧冶子将军庙，成了一方千年古迹。

欧冶子最后炼剑太痴迷了，到了忘我的境界。古人相信宝剑在铸造的时候要用鲜血来祭祀才能最终锻造成功！为了达到这个境界，铸剑时，他们夫妻二人，竟然一起跳入冶炉中，宝剑方才炼成，一代大师就用这种近乎残酷的方式终结了他的事业。

又过了几十年，老楚王已死，新楚王即位。这时，江湖上最著名的铸剑师从欧冶子变成了他的徒弟干将。

这新任楚王的脾气比起他爹来，可是要小气得多。他同样命令干将为他铸宝剑。

干将同样在多年后，铸成一口宝剑，这是他一生中铸得最好的剑，自认为比起师父的剑来，有过之而无不及。可是干将清楚楚王的脾气，要是他得到了世上罕见的宝剑，一定会把铸剑的人杀掉，免得将来再铸出更好的剑来，那样他就无法炫耀了。

这时，干将的妻子莫邪快生孩子了，这使干将更加愁眉苦脸。到京城交剑的日子到了，干将对莫邪说：“我这一去肯定回不来了。我留下了一把剑，埋在南山上的大松树底下。等孩子长大了，让他替我报仇。”

莫邪大惊，送剑怎么还有生命危险？干将就把自己的担忧一五一十跟妻子说了。莫邪一脸不舍，但还是含泪答应了丈夫的要求。

果然不出干将所料，干将带着宝剑去见楚王，楚王一得到宝剑，二话不说，留下宝剑，立刻命令士兵杀死了干将，然后哈哈大笑："这下天下没有比我的剑更好的宝剑了！"

楚王的得意为他埋下了仇恨的种子，一口剑却是一条人命换来的，古代君王残忍的占有欲，让人感到了统治者的冷血、无情。

干将死后不久，莫邪生下了一个男婴，取名赤鼻。莫邪牢记丈夫的遗言，含辛茹苦地把孩子带大。

十多年以后，赤鼻长成了一个小伙子，莫邪便把儿子叫到跟前，把他爸爸的不幸全部告诉了他。赤鼻顿时流下了热泪："我那可怜的父亲！母亲，您放心，我一定要杀死楚王，为父亲报仇！"赤鼻就跑到南山上，把父亲埋在大松树下的宝剑挖了出来，日日夜夜练剑，就是为了有朝一日能报父仇。

中国人一向讲究"杀父之仇，夺妻之恨"！这两种仇恨是根本无法化解的仇恨。

现代，我们的法制已经可以通过对凶徒的惩罚来还受害者公道，但是古代又有多少人为这些弱者主持公道呢？

所以，"父仇必报"几乎变成了一个所有人都认同的公理！就连古代法律都规定，为报父仇而杀人的，可以减轻或免除处罚。

就在赤鼻加紧练剑的时候，楚王接连几天做了同一个梦，他梦见有一个愤怒的少年提着宝剑朝他冲过来，说要为干将报仇。楚王吓得直冒冷汗，他忙派大臣们去打听，才知道干将果然有个儿子，正准备进城刺杀他。楚王害怕极了，一边派人去抓赤鼻，一边命令士兵守紧城门，防止赤鼻混进城来。

赤鼻只好带着宝剑逃进了大山。没法为爸爸报仇，赤鼻伤心极了，天天在大树下哭鼻子，此时，正好树林里走来了一位壮士。问赤鼻为什么痛苦，赤鼻便把自己的遭遇一五一十地告诉了这位壮士。

壮士非常同情赤鼻的遭遇，决定帮他一起报仇："能为你报仇，不过，我要借你身上的两样东西。"

"什么？"赤鼻止住了哭声。

"你得把你的头和你的宝剑借给我，我带着你的头去请赏，趁机杀死楚王。"赤鼻一听这话，立刻跪下给壮士磕头："要是你能为我们父子报仇雪恨，我什么都愿给你。"说完，他提起宝剑就自刎于壮士跟前。壮士拾起了宝剑，割下了赤鼻的头颅，伤心地说："放心吧，我一定要杀死楚王。"

壮士来到王宫拜见楚王。楚王见这头和剑跟梦中见到的一模一样，高兴极了，要赏壮士。壮士说："大王，要是你把赤鼻的头放在锅里煮烂，他的鬼魂就不会来伤害你了。"

楚王赶紧叫人架起大锅，用大火煮头。谁知煮了三天三夜，赤鼻的头还是没有烂掉。壮士对楚王说："大王，要是您亲自去看一看，赤鼻的头就能煮烂了。”

楚王觉得奇怪，就亲自走到大锅边，伸长脑袋朝里看。壮士趁机拔出那把宝剑，用力一挥，把楚王的头砍落在大锅里。卫兵们大吃一惊，过来抓他。壮士手起剑落，又把自己的头砍落锅里。

至此，悲壮的故事结束了，这个故事里的所有主要人物都死了（莫邪也没有逃过楚王的追杀）。那位壮士的名字没能留下来，但是剑还在！

干将造的一对宝剑留了下来。人们把其中一把叫做干将，另一把叫做莫邪。

后来，楚国吞并吴越之时，著名铸剑祖师欧冶子、干将、莫邪等人虽已去世，但吴越地区的冶金及铸造兵器技术依然以其铸剑精良而闻名于世。据传，欧冶子所铸的“湛卢剑”屡易其主后，到晋代被名将周处所得，后由其子孙转赠给抗金英雄岳飞。岳飞风波亭遇害后，“湛卢剑”就失传了。

剑是有灵魂的，欧冶子、干将、莫邪、赤鼻、壮士、岳飞都配拥有“湛卢剑”，因为他们的心中都怀有一颗义士的心，他们可以为事业、爱人、父亲、知己付出生命。而楚王虽然贵为王侯，却只有一颗盗贼一般龌龊的心，宝剑跟了这样的人，即便再锋利也会生锈的。

图穷匕见！最抢镜的刺客荆轲

战国后期，经过长期诸侯割据战争，诸侯各国盛衰格局发生了很大变化，而变化最大的莫过于秦国。

自公元前359年，秦孝公任用商鞅施行变法，为秦国的富强打下了良好基础，并逐步向东扩展。而秦惠王、秦昭王时期继续扩张，推行军功爵制，按军功颁赐爵位，以爵位赏赐土地和隶农，使秦人“怯于私斗而勇于公战”，军事实力大增。同时，秦国物产丰富，地理条件优越。经过由孝公至庄襄王六世百余年的苦心经营，秦国的经济和军事力量都远胜于其他六国。

公元前247年，秦庄襄王死去，其年仅13岁的儿子嬴政继位为秦王，但当时的国政大权为相国吕不韦所把持。公元前238年，秦王嬴政铲除了丞相吕不韦和长信侯嫪毐集团，开始亲政，同时也开始周密部署统一六国的战争。秦王嬴政十七年（公元前230年），秦军攻占韩国都城阳翟（今河南禹州市），俘虏韩王安，在韩地设置颍川郡，韩国灭亡。接着便把兵锋直指赵国。

公元前229年，秦大举攻赵，名将王翦率军由上党进攻赵都邯郸。于公元前228年攻占了邯郸，俘虏赵王迁，赵国灭亡。之后，秦国兵临易水，威胁燕国。

燕国在七国当中，是比较弱小的一个，但也有其辉煌的时期，公元前284年，燕昭王任命名将乐毅为上将军，统率燕、秦、楚、韩、赵、魏六国军队攻齐。在济水之西大败齐军，攻克临淄。之后燕军仅在六个月的时间内，就攻取了齐国七十余城，齐国只剩下莒和即墨两城，几乎亡国。燕昭王死后，对乐毅不满的燕惠王继位，齐臣田单乘机使反间计，使燕惠王撤换了乐毅。

田单随后用火牛阵击溃燕军主力，并一举将燕军逐出国境，收复沦陷的七十余城，使齐国复国。自此，燕国便一蹶不振，国势日衰。至燕王喜时期，国力更加衰落，由他的儿子太子丹主持朝政。

反观秦王嬴政雄才大略，他重用尉缭，一心想统一中原，不断向各国进攻。随后，他拆散了燕国和赵国的联盟，使燕国丢了好几座城。燕国的太子丹原来留在秦国当人质，他见秦王嬴政决心兼并列国，又夺去了燕国的土地，就偷偷地逃回燕国。

大臣们劝太子丹跟齐、楚、魏再组合纵对抗联盟，太子丹长叹一声，认为那已不切实际，而且当前形势已经刻不容缓。他决心采取左道旁门的手段，派遣刺客去胁迫嬴政，命他承诺退还侵略的土地，并保证不再继续侵略。如果他拒绝，就把他刺死，以此来阻挡秦国的兼并之势。

燕太子丹首先找到自己的铁哥们田光，田光把所有家产全拿出来，找寻能刺杀秦王嬴政的人。经过多方查找，田光终于在众多的候选人中，确定由著名的侠士荆轲完成这个任务。

但是，刺杀计划必须要做得万无一失才行，所以，虽然刺客找好了，却一直没有实施计划，这种计划就像是总统手中的核弹引爆装置，不到万不得已，是不能使用的。

而此时，情势已经更加危急，王翦灭了韩国，又占领了赵国都城邯郸，即将挥兵北上，兵锋直指燕国。

燕太子丹十分焦急，看来是按动“核武器”按钮的时候了。

他亲自来到了荆轲的住所，并把自己的来意说明，希望他能够帮自己刺杀秦王嬴政。

荆轲并没有对这个任务感到震惊，但他却说道：“行是行，但要挨近秦王身边，必定得先叫他相信我们是向他求和去的。听说秦王早想得到燕国最肥沃的土地督亢(在河北涿县一带)。还有秦国将军樊於期，现在流亡在燕国，秦王正在悬赏通缉他。我要是能拿着樊将军的头和督亢的地图去献给秦王，他一定会接见我。这样，我就有把握对付他。”

土地还好说，但是樊於期却是太子丹十分器重的人才，况且樊於期全家都被秦王嬴政所杀，到燕国来寻求政治避难，若要杀了樊於期会被天下诸侯所不齿。太子丹听到这儿面露难色，不置可否便先行离开了。

荆轲知道太子丹心里不忍，就私下去找樊於期，跟樊於期说：“我有一个主意，能帮助燕国解除祸患，还能替将军报仇，可就是说不出口。”

樊於期连忙说："什么主意，你快说啊！"

荆轲说："我决定去行刺秦王，却怕见不到秦王的面。现在秦王正在悬赏通缉你，如果我能够带着你的头颅去献给他，他准能接见我。"

樊於期听后，哈哈大笑，说："我当什么事呢？承蒙燕王不嫌，我多活了这么多年，现在是我报答燕国的时候了，你就拿去吧！"说着，就拔出宝剑，抹脖子自杀了。

万事俱备，荆轲准备就绪。太子丹事前准备了一把锋利的匕首，叫工匠用毒药煮炼过。谁只要被这把匕首刺出一滴血，就会立刻气绝身死。他把这把匕首送给荆轲，作为行刺的武器，又派了个十二岁时便杀过人的勇士秦舞阳，做荆轲的副手。

太子丹不会想到，事就坏在了这个秦舞阳的身上，所以说不是所有的杀人犯都适合混黑社会，也不是所有的杀人犯都适合当杀手，杀手代表着一种境界。

公元前227年，荆轲从燕国出发到咸阳去。太子丹穿上白衣白帽，到易水（在今河北易县）边送别。临行的时候，荆轲给大家唱了一首歌：

风萧萧兮易水寒，壮士一去兮不复还。

大家听了他悲壮的歌声，都伤心得流下眼泪。荆轲拉着秦舞阳跳上车，头也不回地走了。

秦王嬴政一听燕国派使者把樊於期的头颅和督亢的地图都送来了，十分高兴，就命令在咸阳宫接见荆轲。

荆轲和秦舞阳

朝见的仪式开始了，荆轲捧着装了樊於期头颅的盒子，秦舞阳捧着督亢的地图，一步步走上秦国朝堂的台阶。秦舞阳一见秦国朝堂那副威严样子，不由得害怕得发起抖来。十几岁就杀人，可见此人是个浑人，但这浑人一看到一代雄主秦始皇，腿肚子就开始哆嗦。足见市井流氓和黑社会老大的气势有多大的差距。

秦王嬴政左右的侍卫都看出来这里边有事，吆喝了一声，说：“使者干吗变了脸色？”

荆轲回头一瞧，果然见秦舞阳的脸又青又白，心说这个没用的东西，就赔笑对秦王说：“粗野的人，从来没见过大王的威严，免不了有点害怕，请大王原谅。”

嬴政心中起了疑，便对荆轲说：“叫秦舞阳把地图给你，你一个人上来吧。”

荆轲从秦舞阳手里接过地图，捧着木匣上去，献给嬴政。嬴政打开木匣，果然是樊於期的头颅，大喜。嬴政又叫荆轲拿地图来。荆轲把一卷地图慢慢打开，到地图全都打开时，荆轲预先卷在地图里的一把匕首就露出来了。嬴政一见，惊得跳了起来。荆轲连忙抓起匕首，左手拉住嬴政的袖子，右手把匕首向嬴政胸口直扎过去。秦王嬴政使劲地向后一转身，把那只袖子一下子便挣断了。他跳过旁边的屏风，便要往外跑。

荆轲拿着匕首追了上来，嬴政一见跑不了，便绕着朝堂上的大铜柱子跑，荆轲紧紧地跟在他的后边绕着圈，做起了困兽之斗。

两个人像走马灯似的直转悠。旁边虽然有许多官员，但是都手无寸铁，台阶下的武士，按秦国的规矩，没有秦王命令是不准上殿的。

大家都急得六神无主，也没有人召台下的武士，当时秦王的剑很长，情急之下无法拔出，只能和荆轲玩起了“旋转木马”，此时官员中有个伺候秦王嬴政的医生，叫夏无且，急中生智，拿起手里的药袋对准荆轲扔了过去。

荆轲用手一扬，那只药袋就飞到一边去了。就在这一眨眼的工夫，秦王嬴政往前一步，拔出宝剑，砍断了荆轲的左腿，顿时血光一片。荆轲站立不住，倒在地上。他拿匕首直向秦王嬴政扔过去。秦王嬴政往右边只一闪，那把匕首就从他耳边飞过去，打在铜柱子上，嘣的一声，直迸火星儿。秦王嬴政见荆轲手里没有武器，又上前向荆轲砍了几剑。

荆轲身上受了八处剑伤，自己知道已经失败，苦笑着说：“我没有早下手，本来是想先逼你退还燕国的土地。”

这时候，侍从的武士已经一起赶上殿来，结束了荆轲的性命。

最可悲的是台阶下的那个秦舞阳，如果当初他脸上能不变色，也许他就能成为帮助荆轲的人，而后的变故，他竟然一动不动地就像个塑像一样在那傻站着。

当然他的命运比起荆轲来也好不到哪去，当荆轲被杀后，武士们才反应过来，这里还站着刺客的同伙，他们一起上去，把秦舞阳乱剑砍死在了宫殿中。

至此，荆轲刺杀秦王行动，宣告失败！

荆轲是个失败的刺客，但是却成为了中国历史上最抢戏的刺客，为什么？是因为悲壮！是因为荆轲代表着六国做了最后一次尝试，是因为荆轲行刺的失败，代表着春秋战国时代的正式结束。

秦朝是一个传奇开始，却是一个刺客、一个义士故事的终结。属于刺客的黄金时代就此落幕了。在这样的时代里，有着让人惆怅的感慨，巨大的历史车轮，却要靠这些刺客孤身去扭转乾坤，与其说是悲壮，不如说有些苍凉。

但是，用一己之力去扭转历史，更让人们能感受到这些刺客的独特魅力。这些刺客用自己的牺牲，证实了信仰要比生命更加弥足珍贵。

这才是刺客存在的意义！

第二章
CHAPTER2

千古豪侠大汉朝

一诺千金！我季布说话算数

豪气冲天！大侠郭解的悲剧人生

>>>

中国的侠义之士是中国古人在危难与困苦情境中的救星，他们武艺高强，他们琴心剑胆，他们扶危救困，他们古道热肠，作为一个中国人，有谁不为侠情、侠骨所倾倒，有谁不为侠胆、侠气而倾心？

如果说，先秦奠定了义士的气质，那么大汉王朝就是义士品格形成的重要时期。这种品格有负面的影响，但我们依旧可以从他们的品格中看到很多积极的元素。

一诺千金！我季布说话算数

古代大侠，都要讲两个字，如果不讲这两个字，那即便是拥有再厉害的武功，也不能称之为大侠。

哪两个字呢？

一个是信，一个是义！

特别是信，那是作为大侠的一个基本前提。比如说，一诺千金这个词，就是形容中国古代的一位大侠的。

这位大侠出生在秦汉交替之际，他叫季布，是楚国人。

楚国民风彪悍，人人性情暴烈。所以秦朝平灭六国后，就有一句古话，叫“楚虽三户，亡秦必楚”！意思是说，即便楚国人只剩下三户人家，最后灭亡秦朝的也必定是楚国人，果然掀起大泽乡起义的陈胜就是楚地人，秦朝最终也是被西楚霸王项羽灭亡的。

当然，除了项羽外，楚地的大侠，就当属这个季布了！

季布为人好逞意气，武艺高强，爱打抱不平，要是碰见恶霸欺负良善，上去就一巴掌，非要替吃亏的人讨回公道才算罢休。季布还有一个特点就是说一不二，非常讲信义，所以这位大侠，在楚地非常有名气，被称为楚地的“蝙蝠侠”、“蜘蛛侠”、“钢铁侠”！

后来，季布就被项羽收入麾下，立了不少战功。楚汉战争，项羽派他率领军队，曾屡次击败汉王刘邦。

等到项羽灭亡以后，汉高祖刘邦想起当年自己被季布打得灰头土脸的糗事，愿意出千金悬赏捉拿季布，并下令有胆敢窝藏季布的论罪要灭三族。

季布躲藏在濮阳周家（人名）家中。周家获悉了刘邦的命令，认为情势紧急，便说道：“汉王朝悬赏捉拿你非常紧急，眼看就要搜到我家了，将军您能够听从我的话，我才敢给你献个计策。”

季布无奈点头，答应了他。周家便把季布的头发剃掉，用铁箍束住他的脖子，穿上粗布衣服，把他放在运货的大车里，将他和周家的几十个奴仆一同出卖给鲁地的朱家（也是人名）。

朱家也是一位大侠，经过周家暗中通报，他才知道眼前这个奴仆就是大侠季布，英雄惜英雄，便把季布安置在田地里耕作，并且告诫他的儿子说：“田间耕作的事，都要听从这个佣人的吩咐，一定要和他吃同样的饭。”

朱家吩咐妥当，便乘坐轻便马车到洛阳去了，拜见了汝阴侯滕公。这滕公可是最早跟着刘邦在沛县混的人，是汉朝的开国元老。

滕公留朱家喝了几天酒。朱家乘机对滕公说：“季布犯了什么大罪，皇上追捕他这么急迫？”滕公说：“季布原来是项羽的手下，多次围困皇上，让皇上很没面子，现在皇上怨恨他，所以一定要抓到他才甘休。”朱家说：“您看季布是怎样的一个人呢？”

滕公说：“他是一个有才能的人，而且任侠好义。”朱家说：“做臣下的各受自己的主上差遣，季布受项羽差遣，这完全是职分内的事。项羽的臣下难道可以全都杀死吗？现在皇上刚刚夺得天下，仅仅凭着个人的怨恨去追捕一个人，这不是在向天下人显示自己器量狭小吗！再说凭着季布的贤能，汉王追捕又如此急迫，这样，他不是向北逃到匈奴去，就是要向南逃到越地去了。这种忌恨勇士而去资助敌国的举动，就是伍子胥所以要鞭打楚平王尸体的原因了。您为什么不寻找机会向皇上说明呢？”

汝阴侯滕公知道朱家是位大侠客，猜想季布一定隐藏在他那里，无论如何，都应该把这个信息转达给刘邦，于是他便答应说：“好。”

滕公等待机会，果真按照朱家的意思向刘邦奏明。刘邦虽然是市井出身，却是个宽宏大量的人，听得有理，便赦免了季布。后来季布被刘邦召见，表示服罪，刘邦也是一笑泯恩仇，任命他做了郎中。在这个时候，许多有名望的人物都称赞季布能变刚强为柔顺，朱家也因此而在当时出了名。

刘邦死后，汉惠帝继位，朝中大权被吕后把持，季布在这段期间担任中郎将。匈奴王单于曾经写信侮辱吕后，而且出言不逊，吕后大为恼火，召集众位将领来商议这件事。上将军樊哙说：“我愿带领十万人马，横扫匈奴。”各位将领都迎合吕后的心意，齐声说：“好。”朝堂上顿时群情激愤。

只有季布大怒，跳着脚骂道：“樊哙这个人真该斩首！当年，高皇帝率领四十万大军尚且被围困在平城，如今樊哙怎么能用十万人马就能横扫匈奴呢？说到的事就要做到，没这本事就别在这吹牛！再说秦王朝正是因为对匈奴用兵，才引起陈胜等人起义造反。直到现在，秦末的创伤都还没有治好，而樊哙又当面阿谀逢迎，想要使天下动荡不安。”

樊哙是谁？那是刘邦的连襟，吕后的妹夫，那是跟刘邦去过鸿门宴，在鬼门关走过一遭的人，在刘邦和吕后两朝都能得宠，纵观朝堂只此一人。

但是，人家季布说得很客观，这是国家大事，不能拍马屁，更不能吹牛，能做到就做，不能做到就说做不到，可不能为了迎合领导，明知不可为而为之。

季布就是这种性格，要么不说话，说出来的话就一个唾沫一个钉，说到做到。

在这个时候，殿上的将领都感到惊恐，吕后脸都憋红了，干脆甩袖退朝了，攻打匈奴的事就这么被搁置了。吕后和刘邦能成夫妻，必定两个人身上有很多相似的气质。吕后虽然专权、好杀，却也不失为一个明白人，她像当年的丈夫一样，没有处罚这位说一不二的大侠。

到了汉文帝的时候，季布做了河东郡守，又有人向汉文帝推荐说季布很有才能，汉文帝便召见他，任命他做御史大夫。但是，没过两天，又有人对汉文帝说季布虽然很勇敢，但好发酒疯，一发起来跟疯狗一样，难以接近。

御史就是管监察的官，任命这样的人当御史，那还不要得谁咬谁？所以，汉文帝犹豫了。

季布来到京城长安，在客馆居留了一个月，虽然住宿费国家给报销，但是季布很郁闷，所以他找人四处打听，到底是怎么回事，这才知道汉文帝有点犯嘀咕，召见之后就又想让他回原郡。

季布是个很重承诺的人，只要出口就必须办到，这样的人最讨厌那种朝令夕改的人，动不动就变卦，成何体统？

他对汉文帝的决定很恼火，因此求见汉文帝，当面对皇帝说道："我没有什么功劳却受到了您的恩宠，在河东郡任职。现在陛下无缘无故地召见我，这一定是有人妄誉我来欺骗陛下；现在我来到了京城，没有接受任何事情，就此作罢，遣回原郡，这一定是有人在您面前毁谤我。陛下因为一个人赞誉我就召见，又因为一个人的毁谤而要我回去，我担心天下有见识的人听了这件事，就窥探出您为人处世的深浅了。"那意思是本来您是想提拔我，但是又总是拿不定主意，这样的事我季布就做不出来！

汉文帝脸羞得红了，默不作声，觉得很难为情，过了很久才找了个好的借口："河东对我来说是一个最重要的郡，好比是我的大腿和臂膀，所以我才特地召见你啊！"

季布虽然知道皇帝言而无信，却也不好再顶撞，就辞别了皇上，回到了河东郡守的原任。

楚地有个叫曹丘的先生，擅长辞令，能言善辩，多次借重权势获得钱财。他与汉文帝的老婆窦皇后也有交情。季布听到了这件事便寄了一封信劝窦皇后说：“曹丘先生不是个德高望重的人，您不要和他来往。”

等到曹丘先生回乡，想要窦皇后写封信介绍他去见季布，窦皇后说：“季将军不喜欢您，您不要去。”曹丘坚决要求窦皇后写介绍信，窦皇后拗不过他，就给他写了封介绍信。

曹丘得到书信，心满意足，便起程去了。到了河东，曹丘先派人把窦皇后的介绍信送给季布，季布接了信果然大怒，等待着曹丘的到来。

曹丘见到季布，不慌不忙，对季布作了个揖，说道：“我常听楚人说得到黄金百斤，比不上得到你季布的一句诺言。您有这样的品格，却只在梁、楚一带有点名气，太可惜了！你看我是楚地人，您也是楚地人，我的名声就比您要大，承认不？只要我到处宣扬您，您的名字天下人都会知道，难道我对您的作用还不重要吗？您为什么对我冷冰冰的，想要拒我于千里之外呢？”

季布是个粗人，这番话他听傻了，于是转怒为喜，请曹丘进来，留他住了几个月，把他作为最尊贵的客人，送他丰厚的礼物。季布的名声之所以能够很快地传播开来，这都是曹丘替他“营销”的结果啊！这恐怕也是最早的好人好事的宣传案例了！

这个故事就是“一诺千金”这个成语的由来。

又过了若干年，季布退休后，回到家乡养老。与其说退休，不如说他又回到了行侠仗义的生活，有人找季布帮忙，他只要答应的，就必然做到，做不到的就断然拒绝。由于其重承诺的关系，季布的人缘相当好，上到公卿，下到布衣，都愿意跟他交朋友。他也成为了刘邦一朝为数不多的得到善终的将军。

诚信是我们中华民族十分重视的伦理标准，朋友之间以诚信为本，生意人之间以信义为重，可以说这是做人立世的原则，古今中外历来如此。

有人说，信只是义士门槛，但是我要说，这个门槛很高，不是每个人都能做到，信是我们民族固有的品格，是在任何时代都不应该抛弃的标准。做人当像季布一样，从不轻易答应别人的要求，但答应了就要做到，即便付出再大的代价，哪怕是生命，也在所不惜，这才是义士的品格。

豪气冲天！大侠郭解的悲剧人生

上文中提到了义士品格中的“信”，这一节则要说说侠客身上的那股独特的豪气是从何而来的。

司马迁在《史记·游侠列传》中记载了三个侠客的故事，其中记载最详细生动、跌宕起伏，同时也最令人扼腕叹息的是豪侠郭解的故事。

郭解，字翁伯，河内轵（今河南济源）人。

郭解的家庭背景非常奇怪，他的外祖父许负以善于看相闻名一时，而他的父亲因为好打抱不平，得罪了权贵，在汉文帝时被处死了。

这样“传奇”的家族背景，让郭解小小年纪就名声在外（神算子的孙子，大侠的儿子）。郭解的形象与一般人心目中的大侠有所不同，他一点儿也不高大威猛，相反他身材非常矮小，他也不像梁山好汉那样动辄大碗喝酒，任何场合的宴会他都滴酒不沾，这样的形象似乎和人们印象中的豪气大侠格格不入。

但是，事实证明，高大威猛的多半是头脑简单，而酒喝得太多，也不过是个酒鬼，豪侠的气质，终归要来自于内心！

郭解早在少年时代，内心就相当残忍，经常向往父亲那样快意恩仇的侠客生活，以至于他小小年纪，就已经有数条人命在手（绝对是亲手所杀，动机不详！）。

凭借自己的身手和一种不要命的架势，他结交了很多江湖上的朋友，每每朋友遇到了麻烦，都要强出头，替朋友报仇，又每每因为伤了人命，而要亡命天涯。在逃亡期间，郭解因为生计也干过坑蒙拐骗、抢劫杀人、制造假币、盗掘坟墓之类犯罪勾当，他的犯罪案卷在衙门里能摞满一间屋子（那时的案卷都是用竹简做成的），不可胜数。侥幸的是，他似乎很受上天眷顾，危急关头，总能安全脱身，比如刚一犯事，就会遇到皇帝大赦天下，任何罪行都不再追究了。

这样看来郭解似乎就是个标准的街头混混的形象，谁知道他在成年后来了个180度大转变，生活俭朴，以德报怨，到处做好事却不图回报，大有浪子回头金不换的架势。

在改过自新的同时，他喜欢行侠的本性也更加张扬，豪气日益增长。但是所谓的豪气却只在他行动的那一刻迸发，在行动过后，一切却又都归于平静之中了。

郭解救人性命之后，并不挂在嘴上，从不扬扬得意，居功自傲。但是，谁要是欺负了他的朋友，那可不得了，必定找你算账，打你个生活不能自理才算完。正因如此，受过他帮助的朋友们，敬佩他的为人，有了事情，常常暗中替他报仇，事后也不让他知道。

郭解虽为威震一方的社会大哥，却并不是个不讲道理的人。

郭解有个姐姐，她的儿子仗着舅舅的威名，一次跟人喝酒的时候，硬和人家斗酒。那人不胜酒力，但是郭解外甥不管这一套，强迫那人喝光。最终，那人怒了，借着酒劲，拔刀杀死了郭解的外甥。杀了人，酒也就醒了，眼前的一切让他瞬间石化，回过神儿来只好逃之夭夭。

郭解姐姐愤怒地说："以翁伯在江湖上的侠义名声，有人杀了我的儿子，竟然都抓不到凶手。"于是，把她儿子的尸体弃置在道路旁，不给下葬，意思就是要郭解帮她儿子报仇。

像郭解这样的社会大哥，要想找个人，就算这个人藏在皇宫里，也能轻易地把他揪出来。他的朋友很快就调查到凶手躲藏的地方。原来凶手因为害怕，回到了家乡匿藏了起来。凶手眼见躲是躲不过去了，就主动出来，把事情一五一十地都告诉了郭解。郭解听后，就对他说："你杀得对，是我外甥有错在先。"于是放走了凶手，将外甥尸体埋葬了事。人们得知此事，都很欣赏郭解的仗义，投靠他的人更多了。

郭解所到之处，人们都敬他三分。一天，有一个人竟然盘着双腿、斜视郭解，一副不屑的样子。郭解的朋友中有人要杀掉这个傲慢的家伙，而郭解却说："住在家乡得不到他人尊敬，是我自己的品德修养不够好，他有什么过错？"后来这个人犯了点事儿，于是郭解就暗地里跟官府衙役说，那人是他的朋友，嘱咐他们不要难为他。后来那个盘腿斜视的人知道了事情的原委，就光着膀子跑到郭解那里谢罪道歉。

郭解家乡周围的年轻人听说这事，更加崇拜郭解的为人。

洛阳有人结了怨仇，数十位本地名流大佬居间调停，竟然没能解开双方怨恨的结。

没办法，有人只好找到了大佬们的大佬郭解。郭解于是夜间去会见两个仇家，仇家都抱着委屈，跟郭解哭诉了一番，最后双方都将巨大的仇恨压了下去，听从了郭解的劝解。事情就此解决了，郭解就说："我听说，洛阳不少人居间调停，你们都不听。现在你们听了我郭解的规劝，我怎么能让当地的大佬们颜面尽失呢？"说完，当夜就要回去，不让人知道他来过，临行吩咐道："先假装没有和好，等我离开之后，让本地大佬调解一番，你们再和好。"

这就是郭解，帮助别人是从来不求别人回报的，也从来给足了所有人的面子。

郭解的名气越来越大，做人却越来越低调，不敢乘车进入县衙门。到附近郡县，事情可以解决的，就解决了它，解决不了的，也尽量让人感到满意，然后才接受人家的酒食答谢。人们因此更加敬重他，争先恐后愿意为他效劳。本县少年和邻县名流大佬，深更半夜到他家拜访的，每天有十几辆车。此时，有一大帮从各地窜逃来的亡命徒，手上都有人命，都来投奔大侠郭解，郭解支应不开，这些大佬都要求接郭解收留的亡命徒回家去款待。

就这样，郭解已经是全国知名的大豪侠，只要是江湖上的事，就没有他管不了的。

郭解泥塑

朝廷下令迁徙豪强富户去茂陵（汉朝最著名的富人高档小区）居住，郭解家穷，达不到迁徙的标准。官吏害怕，不敢不让他迁徙。大将军卫青出来说话："郭解家穷，不在迁徙之列，为什么还让他迁徙呢？"汉武帝却说道："一个老百姓的家庭条件，竟然连大将军都一清二楚，可见这户人家并不一般。"郭解家于是被默许迁徙去茂陵。为了让郭解不丢面子，送他去茂陵居住时，各地豪绅送他的钱超过了千万。

轵县人杨季子，在县衙里做县掾（类似今天县长秘书），再次举报了郭解违规迁徙一事，郭解的侄子（郭解大哥的儿子）听后大怒，马上去砍下了这位县掾的脑袋，给二叔出了气。从此以后，郭、杨两家结下了梁子，这件事也最终成为了郭解悲剧的导火索。

这一切，其实郭解并不清楚。

他入关之后，关中名流大佬，认识的不认识的，听到他的名声后，争相讨好郭解，跟他交往，而他也没把侄子杀杨季子这件事当回事儿。

在郭解没有过多参与两家争端的情形下，郭家和杨家的矛盾却发展到了极点。郭解一党看杨家越来越不顺眼，杨家人也看着郭家人气不顺，郭解的手下不知道是谁，就出头杀了杨季子的父亲杨季主。

杨季主也算是当地很有名气的世族大家的族长，他的家人上书朝廷，准备告御状，没想到上书的杨家人还没到皇城根，就被人暗杀了。这事，郭家人做得太不厚道了，而且有点太欺负人了，而这一切郭解竟然完全不知情。

汉武帝得知此事，龙颜大怒，下令官府捉拿郭解。

郭解这才得到消息，知道家人干得太过火了，他情知不好，把母亲家室安置在夏阳（今陕西韩城），自己跑到临晋（在今天山西运城）。到了这里，郭解看到了自己的拘捕令，把守也十分严紧，所以就在临晋隐居了起来。

此时，郭解经人介绍找到了当地的一位豪侠籍少公。

郭解冒昧造访，要求籍少公放他出关。面对天下英雄仰慕的郭解，素昧平生的临晋大侠籍少公表示愿意效劳，于是他帮助郭解成功出关，逃亡到了太原。

官吏追踪郭解，终于查到了籍少公那里，籍少公不愿告密，也不愿再受严刑拷打之苦，一代豪侠拔剑自刎，算是给了郭解一个交代。

郭解的逃亡线索就这么断了。一路之上，郭解没有逃避，把自己的姓名都如实告诉接待过自己的主人家，从未隐瞒。

现在很多逃犯，在被捕时都“豪气冲天”，跟警方叫嚣自己是一条好汉，但是对他们到处逃窜时像个鼠辈一样躲藏却只字不提。郭解的豪气是发自骨子里的，虽然逃跑，但是依旧不卑不亢，从容不迫，甚至可以坦然面对所有人。这种豪气源于一种对自己作为的自信，源于他对人生的一种顿悟，更源于他相信自己。

而这些接待他的人家里，没有一户人家出卖他。这绝非出于恐惧，因为包庇郭解也是满门抄斩的罪名，只能说这是因为一种敬重。

但是，这次抓捕事件却不同以往。如果是之前的抓捕，官府可能迫于各方的压力，早早宣布调查结束，籍少公也不用以死来守住这个秘密。

这一切是因为，督办郭解案的是汉武帝时期最著名的酷吏，绰号“苍鹰”的洪洞人郅都，他是西汉最早以严刑峻法镇压豪强侠客，维护封建秩序的名臣。在酷吏们的屠刀面前，曾经风光无限的游侠们尊严扫地。

这意味着豪侠的黄金时代结束了，郭解，也在劫难逃！

不久后，隐藏在太原的郭解最终被“苍鹰”擒获，当然郭解并不是亡命天涯的恐怖分子，他没有像本·拉登那样负隅顽抗，而是像绅士一样，潇洒地戴上枷锁。如果当时有记者在场，恐怕会用相机记录下他在被捕现场向人们微笑的照片吧。

抓住郭解之后，郅都当然是一番刑讯逼供，让郭解说出全部犯罪事实。但是，因为郭解的杀人事件，全都发生在大赦之前，根本判不了刑，郭解一言不发，企图逃脱惩罚。

眼看郭解就要被无罪释放，可是中间突发了变故。

轵县有一位儒生招待查办郭解的使者时，使者在席间举起大拇指，赞扬郭解：“郭解在牢中依然铁骨铮铮，是个贤能之士。”

儒生哼了一声，便说：“郭解专门干违法乱纪的事情，怎么能算是贤人？”

就因为这一句对郭解的负面评价，就引发了另一桩命案，郭解的手下随后便杀掉了这个儒生，并将他的舌头割下。官府追究此事，郭解在狱中，并不知道又有命案发生。到底是谁杀的人，也一直没有抓到凶手，但是这笔账却全部记在了郭解的头上。

汉武帝时期，主张尊儒尚法。杀了儒生，可比杀个豪绅要严重得多。郭解本来罪不至死，但有儒生被害，郭解的大限也就到了。

御史大夫公孙弘得知后说：“郭解作为平民，玩弄权诈之术，仅凭他的眼色就能置人于死地，他虽然对案件并不知情，但此罪比他亲自杀人都严重！应以大逆不道论处。”汉武帝正好也要铲除有势力的游侠集团。郭解的名气很大，交往面很广，很多人佩服他，愿意听从他的差遣，在社会上是一股很大的势力，这样严重威胁中央统治的豪侠集团，自然在被铲除的名单之内。

继自己的父亲因为行侠而在汉文帝时被杀之后，一代大侠郭解最终被汉武帝下令灭族，属于他的那个豪侠的时代，也随之结束了。

讲完郭解的故事，我感慨万千。司马迁笔下的侠客，无疑是中国历史上侠客的正宗。侠，产生于礼崩乐坏、人性光辉极度张扬迸发的春秋乱世。在反抗暴秦、楚汉相争的动荡岁月里，到处是萍踪侠影，刘邦的许多部下都曾经是游侠，再加上汉初宽松自由的黄老政治，使得西汉成为游侠的第二个黄金时代。

很多人会说，像郭解这样的豪侠，“豪”得有点像黑社会，干的勾当似乎也不是很光明，这样的人值得你写书来弘扬吗？

我要说，侠客并非是用来弘扬的，而是要去纪念的！

郭解等人并非黑恶势力，因为黑社会是用自己的江湖身份圈钱，而郭解一直都在帮助别人，不为钱权！郭解的豪气也并非是举刀过街，人人敬畏，而是低调做事，乐于助人。这种低调是豪气的内心体现，是一种让人信服的义士底蕴，恐怕这才是大侠的本质，是当代人所缺乏的一种态度。

也许豪侠的黄金时代里，豪侠们的作为有些离经叛道，但是他们行侠的初衷还是想用自己的力量对抗政府的统治，从而形成一种与正统势力分庭抗礼的民间社会秩序，从而可以让更多的人在这种“侠义道”的规则中受益。

然而，“儒以文乱法，侠以武犯禁”，侠义所追求的自由与朝廷所倡导的秩序之间的矛盾越来越尖锐，侠，终于不再被朝廷认可，《史记》、《汉书》之后，官方史书也不再为豪侠立传，这样的所谓豪侠故事，也就此终结了。

不过，汉朝之后，豪侠变成了侠客，他们的所作所为，更加理性，在他们的世界里，有了不成文的“规矩”，他们的形象从豪侠转变为了各种义士的形象，这种正面的形象更容易被世人所接受了。

第三章
CHAPTER3

忠义千秋，武圣关羽的痛

低端起步，高端理想

足以俯视的高度

神话的终点

>>>

水涌山叠，年少周郎何处也？不觉的灰飞烟灭。可怜黄盖转伤嗟，破曹的樯橹一时绝，鏖兵的江水犹然热，好教我情惨切！这也不是江水，二十年流不尽的英雄血！

关汉卿在《双调·新水令》中描述的关羽悲怆慷慨，感叹了他的宿命。

作为一个人格神，关羽被供奉体现了中国人的审美趣味。作为将军，他失败远比得胜的次数多，他的结局是悲凉孤独的，“千里走单骑”，寞寞黄昏，一人一马，关山千里，末路英雄。

为什么中国人会一直供奉一个败将为神，并世代相传？剧作家田沁鑫在准备话剧《关圣》时曾说过：“中国人不太以成败论英雄，这使我觉得非常有成就感。他是在人格魅力上征服敌人，忠义、赤忱在他心里纠结。”为了维护两位妇女不被乱军凌辱，他降了曹营，以俘虏身份却要提出土山三约，灰头土脸时依旧葆有尊严，当然前提是他的敌人尊重他。他给予所有人安全感，这也是后世为什么奉他而不是别的将军为神的原因。

忠义千秋，并不是一句空话，关羽被尊为古代第一义士，也并非是空穴来风。

低端起步，高端理想

首先说，关羽是地地道道的地球人，并非来自星星！

关羽，本字长生，后改字云长，早年因犯事（闹出了人命）逃离家乡至幽州涿郡。

正史并未像小说一样，安排什么桃园三结义之类的情节，关羽最早登场是在公元184年（中平元年），汉室宗亲刘备在涿县组织起了一支义勇军参与扑灭黄巾军的战争。那个时候，关羽与张飞就同在这支队伍中。这样的起点并没有多少人看好，因为像刘备一样，企图靠勤王名义组织义军的，在当时全国有好几十家，刘备并非独家经营。

关羽和张飞追随刘备，一直在体验着这种颠沛流离的生活，那些年，他们没有正式的官位，没能赚到钱。但是他们在如此低的起点上却赚到了经验、阅历和难以破坏的友谊。他们抱着崇高的理想在人生之路上，艰难地前行着。

刘备辗转担任许多官职后，投奔昔日同窗公孙瓒。在公孙瓒的帮助下，刘备被封为平原相，任关羽、张飞为别部司马，三人的生活才算安稳了一些。

虽然未见结义的情节，但是刘、关、张三人情同兄弟是事实，他们常一起同床而睡，刘备走到哪儿，这两位就跟到哪儿，可谓上马就是将军，下马就是保镖。

兴平元年（公元194年），曹操因全家被杀而迁怒徐州的陶谦，于是发兵攻打徐州。陶谦只好求救于雇佣兵司令刘备，刘备和关羽率千余人前往救援，解了徐州之围。

曹操兵退后，陶谦保举刘备做了豫州刺史，关羽与刘备屯兵于小沛。而后在陶谦等人的再三相让下，刘备领徐州牧。

得到了根据地的刘备，并没有因此而一飞冲天，徐州三界交汇，历来是兵家必争之地。很快这块肥肉就成了诸侯的眼中钉，而刘备此时并没有足够的实力去保卫徐州。

建安元年（公元196年），刘备被袁术、吕布夹攻，徐州失陷，刘备兄弟三人再次变成了丧家之犬。

路还要走，虽然他们身处低谷，但他们还有梦想。

关羽便跟随刘备一起投奔曹操。曹操之前和刘备屡次交手，却没占到什么便宜，爱才的曹操很看重刘备，也很看重刘备的兄弟。但是关羽却看不上这位卑鄙的圣人曹操，认为他匡扶汉室是假的，谋朝篡位才是真！

在曹操到许田围猎时，关羽就劝刘备趁机干掉曹操，但刘备此时认为当时的曹操是要匡扶汉室的，觉得杀了他可惜，于是不从。

建安三年（公元198年），刘备怂恿曹操攻击吕布，以报当年之仇。曹操和刘备两路出击，共擒吕布于下邳，重新夺回了徐州。但是，此时的徐州虽然近在眼前，却并非属于刘备了，曹操成为了它新的主人。曹操任车胄为徐州刺史，关羽与刘备悻悻地跟随曹操班师回到了许昌。

此时，兄弟三人，都低下了头，一句话也说不出来。

关羽的心情是郁闷的，但是他仍旧相信，站在自己面前的刘备大哥，是自己值得信赖的伙伴，是自己实现抱负的载体，这点他坚定不移。

经历了太多太多的刘备需要一个机会，东山再起的机会，关羽此时也正在潜伏爪牙等待那个时刻，而那个时机没让他们等上太久。

当时，东汉末年的军阀混战已经接近尾声，袁术已经被曹操击败，正想北上投奔哥哥袁绍。袁术这样的人，曹操根本看不上他，因为他太弱了，随便找个将领带点儿兵就能灭了他，但是灭了他又有什么用？根本不能扬名立万。

这时刘备站了出来，我愿意替您去干掉袁术。曹操很欣慰，刘玄德终于肯报效自己，当即给他点了兵马。

刘、关、张三人得了这些兵马，犹如蛟龙入海一般，重新获得了战斗力，刘备拦截袁术于徐州，但是双方并没有交战，袁术就病死在了军中。

机会也就随之而来，刘备并没有鸣金收兵，而是马上调转了马头，直奔徐州袭来，徐州的守备车胄根本来不及做反应，就被刘备的兵马袭杀，徐州重新回到了刘备的怀抱。

再次占领徐州后，刘备命关羽守下邳、领徐州，而自己则返回小沛。

本来是要刘备去搞定别人，结果这次被刘备搞定了，自己的兵马一下子变成了刘备的手中利器。这件事把曹操激怒了，刘备简直是只白眼狼，比吕布不要脸一万倍!

建安五年（公元200年），曹操派刘岱、王忠攻打刘备。但这次曹操轻敌了，刘备是不可能败给这样的无名小卒的。结果刘、王被刘备击败。

此仇不报非君子！曹操是个不甘失败的人，于是亲率大军出征，这一次，曹操占尽了优势，精兵良将，而刘备手中只有关羽、张飞！

结果是刘备败逃而走，让出了徐州，抛弃了妻子，也顾不得自己的兄弟关羽。下邳此时还未失守，关羽带兵撤出下邳，也是十分容易的事。

而此时，作为忠义之神的关羽选择了另外一条路，也正基于此而走上了人人敬仰的神坛，他投降了曹操。历史上的投降理由多种多样！三国时就有很多种，或战败而降（如庞德），或被利诱而降（如吕布），或被感化而降（如黄忠），唯有关羽，是为了忠义而投降。因为他知道刘备的家人全部陷落在了曹操之手，自己一走了之固然容易，但是这些家眷必然遭到曹操及其下属的凌辱，所以他留了下来，为的是日后可以给刘备一个交代，忠诚的交代！

爱才的曹操对关羽厚爱有加，几乎答应了他所有的要求，归还了关羽的两位嫂子，还任命他为偏将军。

不管怎么说，曹操表现得很够意思，关羽虽然身在曹营心在汉，却也对曹操换了一种看法。之前，关羽恨不得杀曹操而后快，要不是刘备不同意，他在许都围猎时或许就已经动手了，但是现在他肯定下不去手，因为他知道曹操对自己有恩，而且是大恩，但是他却无法真正追随于他！

这就像是一个男人对一个女人很好，却不求她嫁给他，这样的胸怀，那个女人即便不爱他，也会为之动容的，所以关羽决定报答曹操，力所能及地报答他！

报答的机会没有让他们等太久，后袁绍派大将颜良、文丑、郭图等攻打东郡太守刘延，刘延寡不敌众，退兵至白马，被颜良、文丑的大军包围。

曹操亲自率军救援，并命张辽与关羽为前锋。关羽望见颜良的麾盖，策马冲锋，斩杀颜良于万军之中，枭首而归，袁军将领无人能挡。白马之围被解，关羽报了恩，而他也因此被封为汉寿亭侯。

当时，曹操为知道关羽有没有久留的心意，叫张辽用人情试探。关羽对张辽叹息道："我知道曹公对我的厚爱，但我受刘备将军的厚恩，发誓共死，不可背弃。我终不会留下，在为曹公立下功劳后我便会离去。"

张辽向曹操表明，曹操知道关羽会离去，反而重加赏赐，想要留住他，但关羽尽封曹操的赏赐，留书告辞，回到刘备身边。曹操左右欲追杀之，不过曹操认为各为其主而阻止，强扭的瓜不甜，聪明人曹操明白这个道理。

关羽的命门是刘备，关羽的底线是忠义，但是此时刘备仍旧一无所有，而曹操之所以能放关羽走的原因恐怕就是他不相信刘备能有什么作为！虽然，他曾经评价“天下英雄，唯使君与操耳”，但是曹操却一直从骨子里看不起刘备。正是刘备的一无所有，混吃混喝的样子，再加上论换主子，他比吕布换得还要勤，而且哪次都是吃完了人家抹抹嘴就走，不说句谢谢也就算了，还要打包带点什么一起走，这是曹操看不起刘备的原因。

但是，曹操也仍旧想不明白，像关羽这样的人物放在谁的阵营里，都算个人物，为什么非跟着刘备？这事直到死曹操也没想明白。

关羽像

事实也正像曹操想的那样，刘备在建安十三年（公元208年）时，仍旧没有一块安身之地，结果又投靠了宗亲刘表，屯兵于新野，这段时间刘备唯一的收获是他的阵营里多了赵云和诸葛亮这两个人。

曹操此时，准备南下了，不是因为要对付刘备！他没这么小气，他想的是如何统一天下。

刘备依旧是那么不堪一击，曹操率领大军南下，刘备只好继续战略转移（南逃）。

幸好，之前诸葛亮早做了准备，他命关羽率兵乘数百艘船驶向江陵接应刘备。刘备此时做了一件傻事，但是这傻事做得千古流芳。

刘备带着老百姓南下！刘备的部队走得很慢，曹操的骑兵一路追杀，百姓死伤无数，到了最后，百姓成为了刘备的挡箭牌，根本没有活下来几个，而曹操怎么也想不明白，这样的事最后成为了刘备不愿意舍弃百姓，独自逃跑的证据，历史倒把刘备树立成了爱惜百姓的典型。

好好地待在家里，就不会死，为什么有这么多百姓愿意像关羽一样追随刘备呢？这又是一件曹操一辈子都没想明白的事。

曹操忽视的是刘备强大的人格魅力，有人是靠能力统治国家的，比如曹操，有的人是靠人脉统治天下的，比如孙权，但还有一种人是靠魅力统治天下的，刘备就是其中的佼佼者，无论在什么时候，他的威信就像是毒品，就是有人愿意为他去死！挡都挡不住！

百姓已经被屠戮殆尽，刘备已经暴露在了曹操的屠刀之下，曹操发誓，这次抓住刘备会像对待吕布那样将他处死，决不再顾忌什么。

但是，曹操不敢想象，有人就在自己的眼前把刘备接走了，没错，当曹操追至汉津江边，关羽的船已经带着刘备驶向了夏口。

曹操长叹一声，这一生他再无机会活捉刘备！但是没有想到他却还有机会和关羽相逢，生死各一次。

赤壁之战的情节我不想在本文中提及，因为那实在没有关羽什么事。至于华容道，小说中说的有些邪乎，但是如果真的在华容道相遇，关羽必然会放掉曹操，因为那就是关羽的性格。

“义”这个词在很大程度上除了信仰外，还有知恩图报的意思！

在华容道上，曹操最后一次见到活着的关羽，这两位故人再次重逢，之后的重逢两人就阴阳两隔了。

刘备联合孙权击败曹操后，曹操留曹仁等防守荆州，于是刘备又与孙权大将周瑜夹攻曹仁，命关羽绝北道断曹仁后路。

在把曹操的势力彻底赶出荆州后，孙刘联盟宣告结束，瓜分胜利果实的争端也就随之开始了。

刘备先后取得荆南四郡（长沙、零陵、武陵、桂阳），拜关羽为元勋，受封襄阳太守、荡寇将军。关羽此时实际上成为了刘备军团对抗曹操的前线总指挥。这种信任也是谁也无法给予关羽的，包括多疑的曹操！

所以，曹操永远不可能是刘备，为他卖命的人，是相信他的智慧能夺得天下。而关羽信任的刘备，是完全靠自己的魅力征服了自己，跟着刘备，无论情境多么凶险，关羽都十分有安全感。

男人的安全感，比女人更加重要，因为这直接决定了他是否忠诚！关羽的忠义也正基于此！所以，忠义之士必然有个能给他安全感的老板才行，成全一个人的名声永远不是一个人的事。

此时襄阳实为曹操势力范围，由乐进驻守，所以关羽驻于江北。

建安十八年（公元213年），刘备入蜀助刘璋防御张鲁，张飞、赵云、诸葛亮与关羽共守荆州。

但，很快四川前线噩耗传来，建安十九年（公元214年），刘备与刘璋决裂，军师庞统中流矢身亡。

刘备大悲，急忙召张飞、赵云、诸葛亮入川支援，荆州只留关羽驻守。这是刘备对关羽的信任，至于这种信任从何而来，我相信这是几十年的手足情谊所奠定出来的！这份信任和忠义已经融化在了刘备和关羽的血液中。

刘备平定蜀地后，以关羽都督荆州事，授权掌管荆州地区刘备控制的部分，包括荆州南部四郡和从东吴借来的南郡治所江陵和附近的公安，关羽事实上镇守荆州五郡（南郡、长沙郡、零陵郡、武陵郡、桂阳郡）。

建安二十年（公元215年），孙权知道刘备已夺得益州，希望取回荆州。刘备却说："当得到凉州时，便会把荆州交还。"孙权对此十分怨恨，便派鲁肃索要荆州。

小说中，著名的单刀会就此产生了，不过，这单刀会可没弄得如小说中那样传奇。过程是这样的，孙刘两方的将领在阵前讨价还价，据理相争，谈得很激烈，不过却没有演变到武装械斗，但最终两边还是不欢而散。

鲁肃回到东吴，带来了刘备赖账的消息，孙权差点没被气死。孙权马上命吕蒙准备进攻荆州南部，鲁肃将万余人马于益阳牵制关羽，刘备从益州带兵回援。时关羽号称有三万人马，自选五千精锐准备从上游渡河，吴将甘宁率领一千人前往驻守，关羽得知后就没有过河，在河对岸扎营。

此时，曹操看到了孙刘的裂痕，从而进取汉中的张鲁，企图一举搞定立足不稳的刘备。

刘备是个极其聪明的人，看到形势有变，迅速和孙权修和，协议平分荆州，即分荆州的江夏郡、长沙郡、桂阳郡属于孙权，分荆州的南郡、零陵郡、武陵郡属于刘备，这就是三国史上著名的湘水划界。

随后，刘备在与曹操争夺汉中的大战中，取得了决定性的胜利，从而升级为汉中王。刘备没落的时代就此结束，一个摆地摊起家的没落贵族，终于一步步地走上了他人生的顶点，这与对他不离不弃的兄弟关羽有着莫大的关系。

他凭借着关羽的武力，似乎得到了他先祖刘邦一样的成功。但是万没有想到，他人生的失败就在于他最信任的那个兄弟。

足以俯视的高度

刘备当上了汉中王，接着就干了一件事。他封了四个将军，这件事在《三国演义》中却被罗贯中同志写成了刘备册封五虎上将。

其实，历史上由刘备亲自下诏册封的从来只有四虎上将而已，即前将军关羽、右将军张飞、后将军黄忠和左将军马超。

赵云只被封了个诩军将军，说好听了就是个杂牌将军。人家带的是中央军，赵云带的是地方军。刘备给赵云的待遇，跟解放战争中蒋介石给黄百韬的待遇有点相似。当然，赵云被排除在了后刘备时代的军事核心之外，这是有其深厚的背景原因的，本书不是讲赵云的，这里不多做赘言。

但是，对这种封赏提出意见的竟然不是赵云，而是关羽。

问题出在老将黄忠那里，在《三国演义》中罗贯中为了让小说更加精彩，增加了一场关羽战长沙的戏，关公和黄忠在长沙城前恶战三场，都是大战了一百回合以上。关云长最佩服的是真英雄，这样的大战让关羽跟黄忠结下了深厚的友谊。

但是《三国志》中，从来没有说过关羽和黄忠有过这样的“不打不相识”，而黄忠归顺刘备后不久，就跟着刘备入川了。而关羽被留在了荆州北据曹操，南防孙权，他没有机会看到黄老将军平蜀、定汉中，在定军山斩杀夏侯渊的功绩。

一向信奉着眼见为实的关羽，听说黄汉升跟自己是平级待遇，便要跟刘备要一次脾气，他扬言“大丈夫不与老兵同列”，这个前将军自己不当了。

刘备自然知道自己兄弟的脾气，他让费诗给关羽带来了两件东西和一句话。

东西是符节和黄钺，这两件东西都是皇权的象征，它们的作用跟后世戏剧里包公手里拿着的尚方宝剑差不多。这代表着关羽在刘备的心中不只是一位将军，更是自己最为信任的人。

费诗更是告诉关羽：“当年高祖刘邦虽然封了韩信，但是最为依赖的不还是跟他一起起家的沛县萧何、曹参这些人吗？将军和主公才是生死与共的兄弟啊！”（《三国志》：“譬尤一体，同休等戚，祸福共之！”）

关羽听后哈哈大笑，便不再提及此事。

这件事被很多后世的史学家们无限地放大了，称关羽气量狭小、心高气傲、目中无人，更有甚者称这就是关羽最后穷途末路败走麦城的真因。

但是就我看来，这无非是关羽一生中的一个小插曲而已。人都会有嫉妒、羡慕的心理，谁都不会例外！不信大家可以检讨一下自己！

所以，我认为这件事只不过是小弟弟看到了自己的大哥在跟别人称兄道弟，心中难免有种失落感而向哥哥撒娇罢了。

其实在关羽的心中，根本没有太多的空闲时间去考虑封谁做将军这样的事，自始至终他的心中只装着一个人，一件事。

人是刘备，那件事当然是帮刘备统一天下。我们可以试想一下，如果刘备根本没有封关羽做前将军，关羽会怎么样？难道关羽会不跟着刘备干了，再跑到曹操那边去吗？这当然不可能！

经过了一次又一次的悲欢离合，关羽其实早就把这些封赏看得很轻了，他面对大好形势，只有一个心思，就是帮助刘备快速夺取天下。

就在这一年，关羽组织著名的北伐。这次北伐我没有查到任何资料说是刘备下令让关羽干的。我只能这么理解，关羽为了配合刘备在汉中的军事行动，自行发动了这次与西线战事遥相呼应的战事。

这是什么？还是信任，刘备完全信任关羽，把荆州的所有军事大权，全部交给了关羽。生杀予夺，外交政令，进攻防守都由关羽一个人说了算。

比起后世那些要按照皇帝给的阵图打仗的将军们来说，无疑关羽是幸福的。面对刘备的信任，关羽时时刻刻都在思考一个问题，那就是我拿什么报答你，我的大哥！

襄阳和樊城，是关羽的攻击目标！

襄阳这地方，只要是看过金庸的小说《射雕英雄传》和《神雕侠侣》的读者都会对这座城池有着非常深刻的印象。郭靖和黄蓉的后半辈子都在这里镇守，还为我们留下了一句经典的话叫“侠之大者，为国为民！”

历史上襄阳城确实是一座超级坚固的城池，城墙又高又厚，镇守襄阳的平狄将军吕常更是一名著名的守城将军。

在这里要提一下，关羽绝对不是一个像外界传言一样，自负到了没有智商这种地步。他没有把自己的攻击目标选择在一旦拿下就会青史标名的历史名城襄阳上，而是把进攻的重心放在了与襄阳一水相隔的樊城上。

这充分说明关羽不只是武艺好，还很有战略眼光，因为樊城在汉水北岸，如果拿下樊城，就可以切断襄阳守军的后路，让襄阳彻底变成一座孤城，再也没有援兵可救。那样的话，襄阳就会不战自降！

但是，樊城的守将曹仁，可没有因为关羽的名声望风而逃。

曹仁，字子孝，他是曹操的堂弟，由于《三国演义》的干扰，让这位名将黯然失色。其实曹仁可以称得上是一位文武双全的杰出将领。曹操经历的每一场重要的战役都有他的身影，无论是官渡、荆州他都在最前线。无论面对的是周瑜、马超这样的对手，他都从不胆怯，从容应对。

曹仁知道，这次的对手不同了，他要面对的是三国第一名将关羽。他不敢怠慢，让刚刚投降曹操的原马超部将庞德驻守在了城外，并且把自己守军派到了襄阳一部分。两座坚城，外加庞德的大营，形成了一个铁三角。而且这时汝南太守满宠也带着本部兵马前来驰援，防守的态势一度十分有利。

但是，襄樊阵地上的曹军名将们还是低估了关羽的实力。

两军交战的时日不多，在将领、士兵的人数上都没有优势的情况下，关羽却在战场上取得了压倒性的优势。

曹仁本不想在这时候向曹操求救，因为曹丞相这时真的很郁闷。刚刚在定军山失去了自己的族弟夏侯渊不说，还在汉中被刘备击退。刚刚退回长安的曹操现在的心情一个字就可以形容，烦！

而襄阳一线战事吃紧，让曹仁越来越感到心惊！他第一次感到了在战场上的压力，这种压力即便是赤壁之战都未曾有过。曹军在官渡之战后，第一次被人主动攻击，而且还不给你一点喘息的机会，让你只有招架之功，并无还手之力。

曹仁在想，当年的周瑜怎么样，在荆州还不是被自己打了个屁滚尿流。但是关羽不是周瑜，曹仁想破了脑袋都无法理解，关羽，他到底是个怎样的人？

他当初可以抛弃高官厚禄，跟着刘备到处逃窜而没有怨言，他这时还是为了刘备，几近搏命似的进攻樊城，片刻也不停歇。是什么样的信念支撑着他呢？

这个问题挺深，很有人性哲学的深度，但是这是战场，曹仁可以继续思考问题，但是战场上的战局确是刻不容缓了。曹仁没有办法，即便曹操再烦，也要向他求救了。

曹操接到了曹仁的书信，他知道自己这个弟弟不到情况万分危及的时候是不会跟自己求援的，曹操意识到襄樊的形势可能比曹仁这封救援书中描述的还要凶险百倍。但是摆在曹操面前的问题是“地主家也没有余粮了”。

汉中大战，刘备大获全胜，曹操不仅损兵折将，就连自己的门牙都被黄忠给射掉了。这个时候，不仅军队需要休整，他自己何尝不需要静养休息?

但襄樊不能不救!

此时，曹操想到了左将军于禁。

于禁，字文则，泰山郡钜平人（今山东泰安南），实际上于禁和关羽有诸多的相似之处。

简单总结一下，首先，关羽最早跟随刘备，而于禁在曹操还在兖州时就跟随曹操南征北战，他们两个人都是属于各自政权的元老人物。

第二，关羽是刘备“五虎”上将之首，而于禁和乐进、张辽、张郃、徐晃并称为曹操的五子良将，而且他的名望超过了后边几位。

还是因为《三国演义》的影响，于禁在曹营将领中的人气指数上被排在了张辽、张郃、徐晃等名将之后，如果前三位是五星上将的话，于禁只能算是四星。但是，历史上排位却不是这么回事，他被曹操授予为左将军时，张辽、张郃、徐晃跟赵云相似都还是杂牌将军（左将军乐进当时已死）。

第三，关羽是刘备最信任的武将，可以说于禁也是当时曹操最为信任的武将，他也被曹操授予了“假节钺”的待遇。

同样的待遇，几乎相同的人生轨迹，也就是说于禁有可能成为曹军里的关羽，但是，历史却跟这位名将开了一个玩笑，他跟关羽虽然在结局上非常相似，但是他们却做出了不同的选择。这种选择让他和一位忠义之士的形象失之交臂，而变成了一个淡漠在历史烟云中的悲情人物。

曹操亲自把最后的预备役部队——七军，交到了于禁的手中。

人到一万无边无沿，当于禁看着这支部队出发时，脸上充满了复杂的表情，因为他要面对的是三国第一名将关羽，胜则青史留名，败则遗臭万年！

但是，于禁没有想到，这败来的也太快了，准确地说他连关羽的面都还没见到，就败了！就像是玩CS游戏，还没见到敌人就被几颗炸弹硬生生地给炸死了。

八月，于禁刚刚扎好了大营，天公就开始下雨，想打仗也打不了，于禁只好等，等天晴了就去跟关羽决一死战，但是他左等右等，等来的不是关羽，而是一场大洪水。

洪水来得太急了，营地立即被冲成了一片汪洋，士兵被冲走了不计其数。而于禁领着部分官兵，往山丘上冲。站在山坡上，于禁这才意识到，汉水决堤了。

至于这场洪水有多大，《三国志·庞德传》记载“平地五六丈”，相当于今天十米多高。后来曹丕分析于禁战败的原因时说，是洪水突入袭来所致，所以不能埋怨于禁。

但是，可以负责任地说，这场雨完全是有组织、有预谋，由关羽一手导演的军事打击，并非只是单纯的灾害。

为什么这么说？

因为在洪水发生后不久，关羽带着船队去“巡视”于禁大营了。虽然关羽曾经长期负责荆州水师。但是他不可能在陆地上打仗还带着众多的战船，那时又没有皮划艇这种轻便的船艇装备，那只有一种解释，那就是关羽提前就预备或打造好了这些战船，为的就是现在这种局面。

关羽站在战船之上，得意洋洋，结束了！襄樊之战结束了，不仅于禁的七军被淹，大将庞德的城前阵地也失守了。襄阳和樊城彻底变为了一座孤城，没有任何的游击力量可以给关羽造成威胁了。况且两座城池都泡在水里，说不定什么时候城墙就会被泡塌了！

曹军的两员大将，同时看着战船上的关羽，他们知道，摆在他们面前的路只有两条。生或死，投降或死节。

有很多人会说，投降未必不是一种好的选择，但是，我认为投降不应该是军人应该选择的方式。如果你看过刘猛的小说《把最后一颗子弹留给我》，你就会知道，属于中国军人的大义就是在任何时候，时刻准备着为自己的国家、信仰献出自己的生命。军人就应该时刻准备着牺牲，这是一种忠义的信仰。

庞德就是这么做的，他曾经在战场上证明了自己，用弓箭射伤了已经略显老迈的关羽，前边说过关羽是个认死理的人，他只承认有真本事的人。庞德这样的人物他佩服。

而庞德曾经是马超的部将，自己跟当年在曹营中的关羽一样，在曹营中已经做到了自己该做的，而这时投降关羽，去和马超再续前缘是顺理成章的事。

但是，投降对于庞德来说，是个莫大的耻辱，当年在汉中找不到马超了，才会降了曹操。到了曹操的阵营中，曹操竟然给他了一个“立义将军”的封号。

义这个字在庞德的心中很重，他对这个字有着深刻的理解。他不能像吕布那样做反复无常的小人，他率先斩杀了劝自己投降的部将，然后率众继续抵抗。

但是，绝境不可能让所有的人都有着像庞德那样的觉悟。庞德边打边退，但身边的忠义勇士却越来越少，他们大多数放下了武器。据史料记载，关羽此役送到后方俘虏超过了三万多人。

当庞德坐着一条小船，向樊城的方向行进时，关羽的大船队来了，庞德仍旧力战，最终落水被俘。其实即便庞德到达樊城，结果又会怎么样呢？曹仁不会打开城门的，因为洪水太大了，他打开了城门就意味着洪水会冲进城中。

庞德被捕了，关羽敬重这条好汉，不计前嫌劝他投降。但，庞德也很坚决，只求一死。

关羽在想，如果站在对面的是自己，他会有怎样的选择呢？会和庞德一样的，这就是忠义！大义凛然！站在关羽对面的庞德恐怕也在想，不能在这个被曹操称为义士的关羽面前丢份！只有死才能成全曹公对自己的知遇之恩！

两个惺惺相惜的人就这样明白了彼此的心意。关羽成全了庞德的名声，成全了他的忠义。

但于禁呢？那个和曹操有着三十年感情的于禁，却毫不犹豫地选择了投降！忠义在他的眼里和自己的生命相比显得渺小了很多。

忠义这个词在他那里不过是一种写在书上的道德符号，而并非是深入在心中的标尺。

于禁并没有被列入刘备的将军阵营中，谁会重用这种背信弃义的人呢，况且曹操对他委实不薄！

他被关押在江陵，后来于禁获释而到了吴国，直到黄初二年（曹丕的年号，公元221年）才被送回魏国。那时他都已经须发皆白，面容憔悴，见了曹丕泪流满面。

但愧疚弥补不了他的不义之举，曹丕命于禁去高陵祭拜曹操，他却预先在陵中画有于禁战败降敌，而庞德不屈而死的图画。于禁见到后，惭愧发病而死，谥为厉侯。

忠诚和公义自在人心，人在生死关头选择了义有时是短暂的痛苦，但比起不义之人日后的身心折磨来说不知道要痛快多少倍。

忠义只在人们的心中，无论在何时，都有忠义的存在，这种忠义不仅存在于庞德身上，更存在于每一个人的心中。

于禁投降，庞德被斩，关羽的人生到达了最高点。

当时的形势是这个样子的，襄樊彻底变成了两座孤城，曹操任命的荆州刺史胡修，南乡太守傅方等人造反，远在邺城的魏讽也准备发动一场叛乱，里应外合，形势一片大好。

曹操更烦了，他真的没有想到跟随自己这么多年的于禁竟然会变节！他同时也感慨原来自己的阵营中也有跟关羽一样的义士，他马上封了庞德的两个儿子做了列侯。

现在到底怎么办？回归邺城，避开关羽的锋芒？曹操开始思考这个问题了。

神话的终点

襄樊之战是很多人的终点，于禁的、庞德的、曹操的、刘备的，也是关羽的。

先顶不住的是曹仁，他一边在前线鼓舞将士们的士气，甚至不惜杀了自己骑了多年的白马，与将士们盟约，同生共死。在给将士们做完思想政治工作后，曹仁回到自己府邸，一阵的悲观，他此时已经没有别的办法了。援军还会不会有？这是他心中的一个疑问！

曹操在蒋济和司马懿的劝说下，改变了主意，他不准备迁都了，而是要跟关羽顽抗到底！因为他知道现在服软，很可能自己的时代就结束了！他不想让襄樊之战变成自己人生的终点！

曹仁看到曹操果然又派军队来了，这次带队的是徐晃，不过他带来的兵有点寒酸，不仅数量少，而且还都是些刚刚招募的新兵，这帮人别说是打仗，估计连杀人都还没见过呢！但是，实在是没兵了，你不能让徐晃把洛阳的禁卫军都带去吧？

曹仁给徐晃派了任务，城外的水退了，老兄你还得在城外打游击！

徐晃出发了，前途未卜，于禁、庞德的例子就在眼前。为了给徐晃吃一颗定心丸，曹操给镇守在居巢（今安徽巢湖）的张辽也下达了命令，让他务必抽派援兵，支援襄樊。这种姿态明显是做给徐晃和关羽看的，目的相同，曹操是要表态自己没有放弃襄樊，而且要不惜一切代价守住这里！

曹操那头在积极地准备，关羽也是一样，他正试图用自己的力量，发动对曹操的最后一战。其实，这一战，完全可以稳扎稳打，向刘备请求支援，派蜀中和汉中的两路大军同时出击，如果是那样的话，曹操就真的完蛋了。

但是，关羽没有，因为他已经不复当年的精力了，而且庞德所赐的箭疮还在不停的发作，而且间隔越来越短。关羽其实也已经被眼前的这两座坚城折磨的身心俱疲了。他恐怕也预感到，无论此仗成败，乱世留给他的时间可能已经不多了。

蜀道来回一趟很费时间，援兵的成本也实在是太大。襄樊，近在眼前的襄樊就让我关羽一人解决吧！

关羽此时抽调了江陵和公安的后方军队，快速开往了襄樊前线。这无疑是一次豪赌！

因为三国纷争不是下象棋，只有注意对面的对手就行了。三国是魏、蜀、吴，两国交战的同时，你必须时刻防备着第三国的任何动作。而且在这里没有人跟你讲马走日，象走田那样的规则的！

关羽知道，这时候主张孙刘联合的大都督鲁肃已经去世了。而新上任的吕蒙，是个非常不喜欢关羽的强势派，他一直主张用强硬的态度对付刘备。但是，关羽很快又得到了一个消息，吕蒙病了，而且也病得快要死了！上任的是周瑜的女婿陆逊。

关羽一边在感慨，是不是东吴大都督这个位置被人诅咒了啊？一边也在感慨，东吴真的无人可用了，弄了个裙带关系的小子上来混事！

陆逊给关羽写信，一边赞颂他的英明神武，一边说自己是个小辈，根本不懂事，以后还要多让关将军帮助！明显是个小粉丝对大英雄崇拜的态度。

关羽听了很受用，完全放松了对东吴的警惕，也可以说他想利用这个空隙，一举拿下襄樊。所以关羽调走了防备东吴的士兵，这些人全部被开往前线，对襄樊发动最后的攻击。

但是，关羽受骗了，结结实实地受骗了，因为不只是陆逊在满嘴跑火车！就连吕蒙的病都是假的。

前线的对战还在继续，但是后方却出现了大问题。

陈寿在《三国志》里说，关羽的人生悲剧源于他“善待卒伍而骄于士大夫”。很多人都在说，关羽骄于士大夫是他人生的最大悲剧。

没错，关羽在这方面是有他的缺陷的，比如，孙权很早就联系关羽想为他的长子孙登求一门亲事，但是关羽闻听后却大骂了使者！这事在《三国演义》里，罗贯中更是让关羽说出了“虎女焉能嫁犬子”这样的伤人的话来，这事搁谁都受不了！

而对外人是这样还好说，对待自己人也是这样就有问题了，关羽和后方的糜芳和士仁有着很深的矛盾。在粮草供给问题上，关羽就曾经狠狠地批评了这两个人。而且还对他们说攻下襄樊后就要治他们的罪。（《三国志》：“还而治之！”）

关羽先是抽走了糜芳和士仁的兵马，然后又说要治他们的罪，这样整天人心惶惶的，在东吴攻来后，他们投降叛国那就再所难免了！

不过以上只是一些专家的比较传统的看法，就我看来，关羽人生悲剧的焦点还是在于他的义！

刘备当年携民渡江，而曹操当年徐州屠城！

这就是两个人的差别，刘备高举义旗，是道德模范。而曹操是个地道的政治怪兽，他靠的是企业利益最大化的模式管理他的团队。所以，当年关羽才会义无反顾地离开曹操，不是因为他不稀罕高官厚禄，也不是因为他和刘备的哥们义气。因为关羽知道他和曹操道不同不相为谋，他信奉的是刘备的仁义治国的方针，而不是曹操的王霸之业。

而可惜的是陈寿的那句话，很多史学家只关注了后一部分，而忽视了前一部分。善待卒伍其实也是关羽人生悲剧的一个最重要的原因。

前文提到的关羽俘虏的三万多于禁的部队，都被关羽押到了后方，那时没有《日内瓦公约》，关羽对待俘虏的态度完全可以简单明了，杀人了事！

而且这事挺常见，远的楚霸王项羽干过，坑杀秦卒二十万，只留下章邯等三员秦国的将领。近的曹操也干过，把徐州附近的百姓和士兵杀了个精光！

但是，信奉仁义路线的关羽没有这么干，这些人被他送到了后方。关羽并不能奢望让这些人马上变成自己人，更不能杀了他们，毁了刘皇叔仁义治国的金字招牌！但要让这三万多人活着，就必须要管他们的饭。

但是，在那个三国乱世里，每一粒粮食都不是白来的。管这些俘虏的饭，就必然会影响到前线将士的军粮。所以，关羽才会和负责后勤粮草的糜芳和士仁产生矛盾。但是，选择忠义就会和其他人的利益相冲突。

关羽终于知道了东吴的异动，蜀军的间谍们得到了曹操和孙权已经开始秘密来往的重要情报。这是个危险的信号，因为关羽随时有可能处于腹背受敌的局面。

这时，关羽仍旧面临着抉择！退守还是继续进攻？

其实，我也一直在家中思考着这个问题，如果我是关羽，我会如何抉择！在短暂的思考后，我觉得继续进攻樊城其实不是一件坏事！但是要快，而且要坚决！

因为如果此时撤退，襄樊大兵很可能尾随而来，那样关羽会非常危险。但是如果襄樊被攻破，那么以襄阳为中心，就可以展开对曹军或东吴的攻击，退一步说即便是荆州丢了，换了襄阳和樊城也值了。因为以襄樊为基地可以进攻任何想进攻的地方。

当然，我不知道关羽有没有经过我这样的“技术分析”，但是我觉得有一点很肯定，关羽犹豫了，他放缓了进攻的节奏！他的攻势已经不像先前那样凌厉了。不是关羽不想进攻，而是他的战斗意志正在消退，而徐晃的援兵到了，也极大地消磨了关羽的锐气。

《蜀记》中称，徐晃和关羽是好朋友，徐晃出城迎战关羽，两个人在队伍的前边寒暄了好一阵子，谈人生，说理想，就是没说眼前的战事。说着说着，突然徐晃对身后的士兵下令道：“一会打起来，谁能砍了关羽的脑袋，赏赐千金。”刚才还满面笑容的好友，翻脸这么快，关羽实在没有想到。他对徐晃说：“老兄何出此言？”徐晃义正言辞：“这是国事！”

让关羽没有想到的是徐晃的抵抗意志如此顽强。但更让关羽没有想到的是，建安二十四年（公元219年），那个“病秧子”吕蒙，换上了一身白衣服，化妆成了客商，干掉了长江上的烽火台的哨兵，神不知鬼不觉地到了江陵和公安城下。

这里是关羽经营多年的军事重镇，更为重要的是唯一可以攻击东吴的水军精锐都在这里，可是这里的守将糜芳和傅士仁的回应简单干脆，开城投降！

东吴吕蒙都没有想到事情会是这样的！幸福来得太突然了吧？

所有的家底被输得精光，豪赌输了，关羽实在不敢相信这是真的。但是摆在关羽面前的路仍然不是一条死路！

上策，向西撤退到房陵、上庸一带，然后经汉中回成都，保存实力，以图再战。

但是，关羽不是那样的人，在他的心里刘备的大业比什么都重要，此次出征不但没有夺取襄樊，还把刘备荆州大本营给丢了，他觉得对不起刘备！严重的心理负担必须要求他回师，夺回荆州。

其实这条路实际也是走得通的，但是还是因为关羽的仁义，造就了他的失败。关羽先派人到江陵去打探消息，但是使者却被吕蒙抓到，强迫他带来了很多将士的家书回去。

关羽完全可以烧毁家书，并对将士们说，吕蒙已经屠城，把你们的父母兄弟都杀了，大家跟我杀回去，给你们的家人报仇。那时候又没有手机，谁知道你说的是真还是假。士兵们肯定嗷嗷叫的跟着你回去夺回家园。

但是关羽却将这些家书都发给了士兵们，他的出发点很简单，在大难面前，要让将士们早一天得到亲人们的消息，又是善待士卒，又是仁义治军！但是这无疑葬送了关羽最后的希望。

家书中写的是什么？无非是我们很安全，吕蒙将军善待了我们，快投降吧！跟着关羽混只会死路一条！

几万荆州军瞬间土崩瓦解，而这时关羽走到了一个给过他很多回忆的地方，当阳。

十一年前，当阳桥长坂坡，刘备也是大败，是关羽派水军接应了刘备，可以说刘备是从这里东山再起的。

现在关羽也在当阳，他向西而走，从汉水登陆，直奔麦城而去。

刘备会因为自己的这次失利得到什么呢？关羽不敢想，也不能想！

孙权的势力已经渗透到了整个荆州，麦城附近的大将潘璋很快觅到了关羽的行踪，他派大将马忠布下天罗地网。

小说中称关羽中了绊马索，被生擒。有人说，关羽和儿子关平被俘后，东吴集团对如何处置关羽父子展开了大讨论，然后达成了统一意见，认为关羽活着始终是个威胁，孙权这才下令把他杀了的。

其实，历史的真相是关羽是力战而死的，裴松之给《三国志》做注时引用《吴书》上的说法："孙权遣将潘璋逆断羽走路，羽至即斩，且临沮去江陵二三百里，岂容不时杀羽，方议其生死乎？"

临沮到江陵二三百里，来回要好几天，潘璋如果活捉了关羽必须要请示才敢杀，而离得这么远怎么会容得孙权商议后才决定关羽的生死呢？

史实是这样的，关羽在麦城中了埋伏，跟吴军在临沮展开了一场大战，经历了多年的征战，关羽舞动手中长剑（青龙刀只是小说中产物）砍杀了最后一个敌人后，最终手臂的箭伤复发，而失去了战斗能力，最终被乱军所杀。这才符合关羽的性格！

关羽死前，他望了望蜀中的方向，他的哥哥在那里，与他奋斗过的一帮兄弟都在那里！那里他从来没有到过，谁知道历史会这么的无情，作为蜀将，关羽却没有机会到蜀中去了！

关羽倒下了，身体越来越冷！

关羽死后，孙权把关羽的首级送给了曹操，很明显有嫁祸之意，曹操对孙权这种小儿科的政治把戏，根本不屑一顾。他没有中招，而是以王侯之礼安葬了关羽。

而奇怪的是曹操在收到关羽之头后不到一个月也归西了。而随后吕蒙也死了，而且死得不明不白！

两个奸诈的人都在关羽死后不久，便魂归西天，不知道这要作何解释。罗贯中说是关羽的鬼魂索命，不知道大家信不信？反正我信了！

但一代名将就此身首异处，让人唏嘘不已。关羽不是个完人，从来不是。但是他身上放射出来的那种人性的光芒，让人无法抵挡！关羽的死是一个终点，但也是一个起点，从此之后，无数人开始敬仰着他身上的那种忠义精神！那种为了大义不顾一切的精神！为道义而死的精神！

我一直在想一个奇怪的问题，外国人怎么理解“义”这个字，为此我查遍了汉英词典，却只找到了这么两条解释justice（正义）、be loyal to one’s friends（对朋友忠诚）。

难道这就是我们中国人所说的这个义字的含义吗？我要对外国人郑重地说：“No！你们根本不懂什么才是义！”

中国人所讲究的义字，是一种隐含在人性中的关怀，是一种对弱者负责的态度，是一种对陌生人施以援手的冲动，是一种不畏强权的心理，还是一种对国家的忠诚，对信仰的崇拜。

关羽为什么能够在中国历史上被称道了几千年，直到今天仍旧拥有众多的粉丝，就是因为他一再坚信这种义的存在，而且也相信这种大义会是治国安邦的精神支柱。

但是他的悲剧也在于此，虽然中国社会自古推崇道义二字，但那是因为讲究这个的人太少了。宋襄公征战不乘人之危，就被后世当做是迂腐的反面教材！

这就是中国人，时时满嘴说着仁义道德，却又在背后嘲笑着道义行为的愚蠢。

关羽之殇不在于他麦城之败，而在于他一直恪守的忠义的信念根本没有被中国社会普遍认同。

这种信仰高高在上却无人企及，才是关羽真正的悲剧之处。

第四章
CHAPTER4

大唐，那些随诗词飘来的义士

风尘三侠的情与义
我爱昆仑奴
义士难断家务事
“义妓”回忆录
复仇女神谢小娥
我是红线女，侠盗的“祖师婆婆”

唐朝涌现出一批描写豪侠义士及其侠义行为的传奇作品，内容涉及扶危济困、除暴安良、快意恩仇、安邦定国等方面，于中突出豪侠人格的坚韧刚毅和卓荦不群，武功的出神入化，功业的惊世骇俗，由此展现出一种高蹈不羁奔腾流走的生命情调。

有袁郊所著的《甘泽谣·红线》（被称为中国第一部武侠小说）《聂隐娘》《昆仑奴》《虬髯客传》，《虬髯客传》更是晚唐豪侠小说中成就最著名的一篇。

唐人传奇树立了文言“武侠”的典范之后，经五代以至宋朝，在题材上并没有什么突出的发展，多是对唐传奇的模仿。但这一时期在文学史上却有着重要意义，它在语言上有开创性的意义。评书在民间广泛流传，这种白话形式的小说与后来的武侠小说颇具渊源。

而这些小说中的侠士，也从史书中的人物，变成了历史与虚构的结合品，让人们真正地把武侠理解成为了成年人的童话，而这一切都源于中国人对义士的崇拜。更为重要的是，在大唐的义士故事中，女性的角色渐渐成为了故事中的主角！

总之，大唐的义士飘逸、潇洒，带有一种强烈的人文气息，他们不再是离经叛道的豪侠，而逐渐变成了这个时代正能量的代表。

风尘三侠的情与义

情义二字，是被中国人津津乐道的字眼，但是情与义又是如何交融的呢?

在隋唐交际之时，民间的活动远比其他朝代丰富多彩，而红拂女的故事就发生在初唐时期。

红拂，姓长，也有一说姓张，原是隋朝权臣杨素的家伎，她美貌出众，善于技击，是为一代女侠，而红拂喜欢的男生叫做李靖。

李靖，字药师，京兆三原（今陕西三原）人，唐朝开国元勋，封卫国公。少有文武才略，他的舅舅是隋朝名将韩擒虎，每次见到李靖都与他要切磋兵法，曾称赞说：“可与我讨论孙吴兵法的人，只有李靖一人了。”

李靖精通兵法，能征善战，灭萧铣、灭辅公；平突厥、平吐谷浑，皆获全胜，是博古通今的军事大家。唐太宗李世民称其武功乃“古今所未有”。

李靖年轻时，正值隋朝重臣杨素执掌朝政，每天前来拜谒杨素的达官贵人、英雄豪杰有很多。忽然有一天，一个身着布衣的青年来见杨素，向杨素畅谈天下大势。此人身材伟岸，英姿勃勃，神态从容，见解非凡。

隋炀帝南幸江都，命司空杨素留守西京。杨素一贯骄贵，又因世事纷乱，天下之权重无出其右，对大臣往往倨傲无礼。每次有公卿入见，他都是坐在床上，令美人侍婢罗列周围，连皇帝都不如他的气势，杨素晚年就更加过分了。

李靖向来自负豪气，他进谒杨素，杨素仍旧坐在床上接见。李靖前揖说："天下方乱，英雄竞起。公是帝室重臣，应以交纳豪杰为上，不应在床上见宾客。"杨素敛容站起，向李靖道歉。

李靖谈论时事，风采逼人。当时有一个美妓手执红拂，侍立在杨素的身边，频频注目李靖，这个女子便是我们熟悉的红拂女。

李靖告辞，刚走到门口，红拂暗中托门吏打听李靖的住址，李靖也没多想，以为是杨素想留个联系方式，也就据实以告。

晚上李靖留宿在旅舍，半夜听见敲门声，他起床开门，一个少年手持行囊闯了进来，催促李靖赶快关门。然后少年解开紫色的衣衫，脱下皂色的帽子，竟变成一个十八九岁的绝世美人。

李靖大为惊异，那美人问："你还认识我吗？"李靖审视了良久，说出"杨家"二字。红拂莞尔一笑说："妾就是杨家的红拂。"说着便敛身下拜，李靖慌忙回礼，问她为何深夜来此。

红拂女说："妾侍奉杨素多年，见过的人不少，今日得见君，姿表绝伦，丝萝不能独生，愿托乔木，因此深夜来奔。"

李靖一听，心里像揣上了一只小兔子，不由得变色说：“杨司空权重京师，若被他知道，岂不是惹祸？”红拂女说：“杨素那样的糟老头子，半只脚已经踏进棺材了，有什么可怕的？现在他的侍女多半逃去，他也无心追逐，妾所以敢放胆前来，愿君勿惧！”

你一个女子都不怕，我一个老爷们还怕什么？李靖的豪气一下子迸发了出来。李靖问她的姓氏，红拂女回答说姓张，排行居长。

李靖邀红拂女共坐，红拂女谈吐俊雅，眉黛风流，好似天上的仙人，李靖心生爱慕，于是与之结成了伉俪。他怕杨素追捕，便打算与红拂女同赴太原，因为那是唐国公李渊的地盘，一般人不敢去那“疙瘩”惹事儿。

李靖和红拂二人，逃亡了几日，杨素自然派人到处去找，但是找遍了京城也没能找到，杨素宠爱的女人甚多，又素来有成人之美的爱好，过了几日红拂的事早就忘了，也就不再追究了。

一日黎明，李靖红拂早早起来，炉中烹肉，准备吃完早饭再上路。正在煮肉期间，李靖正在刷马，红拂女长发委地，在轩窗边梳妆。

忽然有一个赤髯如虬的陌生人乘驴来到近前。他下了驴，竟然取了枕头，就一股脑躺在地上，看红拂女梳头。

这不是流氓吗？李靖不禁怒起，但一时又不知怎么做得体，所以仍是刷马，但是紧握拳头，随时准备动手。红拂女一手握发，一手摇手阻止李靖。她匆匆梳毕秀发，向前施礼，问虬髯客的姓名。虬髯客自称姓张，红拂女说：“妾也姓张。”虬髯客大喜：“今日幸遇一个小妹。”

说完一个鲤鱼打挺，跃然而起，原来是个功夫高超的人物。

红拂女呼李靖过来相见，彼此行过了礼，三人环坐共饮。

谈吐之间，李靖这才知道，眼前这位可能是一个世外高人，气消了一半。

虬髯客闻到香味，便问："煮的是什么肉？"

李靖说："羊肉，估计已经熟了。"

虬髯客摸了摸肚皮，嘿嘿一笑："很饿。"

李靖是个厚道人，他赶紧买来大饼，放在桌边。虬髯客抽出腰间的匕首切肉。

虬髯客说："我看李郎你穷途潦倒，是怎么得到如此美人的？"

李靖说："对他人不方便说，不过兄长磊落光明，小弟不妨实告。"于是详述了事情的始末。

虬髯客问："现在你们准备去什么地方？"

李靖说去太原避祸。虬髯客略略点头，随手取出一个行囊，笑着对李靖说："我也有下酒物，李郎能否一同吃？"

李靖客气了几句，待打开才知道行囊里是一个人头，一副人肝。虬髯客用匕首切好薄片，大嚼而尽，对李靖说："这人是负心之人，我已衔恨十年，今天才始被我杀死，真是解恨。"

李靖看都看傻了，只唯唯连声，不敢细问。

虬髯客又说："看李郎的仪容器宇，不愧为大丈夫，小妹可谓得到佳偶，但不知太原一带，有没有特立独行的人物？"

李靖回答说："有一个人与李靖同姓，年仅二十，龙表凤姿，非常人可及。"

虬髯客问："此人现在做什么事？"

李靖说是将门子弟。

虬髯客点头说："是了是了。李郎可否为我引见？"

李靖说："小弟的友人刘文静，与他交情不错，可托文静做一介绍，但不知兄长何故定要一见？"

虬髯客说："太原现有奇气，想当应在此人身上，我所以要一见。只是现在还有琐事未办，不便与你们一起走，不知李郎何日可到太原？"

李靖也是实在，掐指计算了日期，告知了虬髯客。

虬髯客说："等至太原再会，李郎可日出时在汾阳桥等我，请不要失约！"李靖一口答应下来。虬髯客来得急，去得也快，他乘驴远去，那头驴走得竟然比马还快，疾行如飞，转眼间便不知去向了。

李靖与红拂女也动身去太原，在汾阳桥等虬髯客。虬髯客如约而来，见到李靖十分高兴，立即同往刘文静家。

李靖之前所说的与自己同姓的李公子，指的就是李世民，后来的唐太宗。

虬髯客自称善于相面，愿见一见这李公子。刘文静本来很赏识李世民，听到虬髯客善于相术，便遣人邀李世民一叙。

李世民不穿衣衫，也不穿鞋，神气扬扬，相貌与平常人不同。虬髯客看后不禁变色，默然退居末座，仿佛心如死灰，他连饮数杯后与李靖密语说："这是真天子，我已料定十之八九，只是还有一位道兄，若让他见一面，能料到十成，百无一失了。"李靖将虬髯客的话转告刘文静，刘文静允诺可以再见一次，并约定日期。

到了那天，虬髯客引来一位道士，与李靖一同去刘文静家。刘文静正想下棋，便邀请道士入局对弈，又写信邀李世民前来观棋。不久李世民来了，长揖后就座，顾盼不群，满座生风。道士怅然若失，将棋放入匣中说："此局已全输，不必再弈了。"说完告辞离去。

出来后道士对虬髯客说："此处已有人在，君不必强图，可别谋他处罢。"说着便飘然自去。

随后，虬髯客与李靖告别："李郎与小妹还无处栖身，我可为你们筹一处住宅，今日便一起回长安怎么样？"李靖面有难色。

虬髯客说："你难道怕杨素吗？他早已死了。况且有我同行，你还怕什么？"

于是李靖携红拂女与虬髯客返回长安，果然杨素已死，便放心入了城。

虬髯客又对李靖说："今日暂别，明天你可与小妹同去我的小宅，我在那里等候。"

第二天早晨，李靖与红拂女如约而至，果然见一小板门，敲门一两声，有人出来相迎。里面豁然开朗，室宇宏丽，四十个婢女引李靖夫妇进入东厅，厅内陈设着珍奇异宝，样式非人间所见。虬髯客出来，他戴纱帽穿紫衫，服饰与以前大不相同。后面跟着一个少妇，华服雍容，端庄秀丽，看样子是虬髯客的夫人。

李靖猜测是虬髯客的妻室，便与红拂女上前相见。

虬髯客格外殷勤，引李靖夫妇步入中堂。四人对坐，有侍女搬入佳肴，并唤出女乐在庭中奏曲。

喝至酒酣，虬髯客令白发仆人抬出二十具宝箱，陈列在左右。虬髯客指着宝箱对李靖说："这是我历年积蓄，今天特意赠送你们夫妇。我本想在此建功立业，现在既然遇到李世民，我留下也就没什么意义了。李世民三五年内，必得天下。李郎有奇才，将来必位极人臣，小妹独具慧眼，得配君子，将来夫荣妻贵，亦可为儿女生色。非小妹不能识李郎，非李郎不能遇小妹，虎啸风生，原不是偶然的际遇。李郎应将我所赠，安心建功立业，努力前程，十年后，在东南数千里外，若传有异闻，就是我得意时候。小妹与李郎，可洒酒相贺。"

说到这里，将文簿钥匙一并交给李靖。虬髯客与妻子进入内堂，片刻后即戎装出来，与李靖红拂女拱手告别，出门乘上马，也不多带行囊，只有一个奴仆随着，扬鞭向东而去。

这虬髯客果然是神仙一样的人物，来去匆匆，神龙见首不见尾。

李靖夫妇送虬髯客出门，一霎那已不见踪迹，随后两人检点箱柜，里面的东西竟然价值连城。

而箱子里最珍贵的却不是这些金银，而是有兵书数卷。李靖乘闲

风尘三侠

暇阅览，不想颇有所得，因此后来能够料事如神。他住在虬髯客的宅院，成为豪室，资助李世民逐鹿中原，最后取得了天下。

唐太宗贞观年间，东南蛮奏称一个海外客，领千艘海船，十万甲兵，攻入扶余国，杀扶余国主自立。李靖知道虬髯客建成功业，便与红拂女在地上洒酒朝东南方向拜贺。

世人称李靖、红拂女、虬髯客为风尘三侠。

以上故事多为古文翻译，记载于唐朝杜光庭作《虬髯客传》。明代张凤翼的《红拂记》也记述此事。李靖曾撰《李卫公兵法》一书，传说就是虬髯客所授。

唐贞观十四年（公元640年）红拂女去世，这时李靖已经七十岁了，晚年丧妻，令李靖老泪纵横，痛不欲生。红拂去世后，李靖的身体也每况愈下。与李靖相濡以沫几十年的妻子撒手而去，李靖回想往事，不禁伤痛欲绝，从此疾病缠身。贞观二十三年（公元649年）春，李靖病危。李世民到李靖府第探视，想起李靖为大唐帝国立下的赫赫功勋，不禁悲从中来，流泪道：“公乃朕生平故人，于国有劳，今疾若此，为公忧之。”

同年四月，李靖与世长辞，享年七十九。

红拂女的私奔可谓千古第一人，在她之前或之后即使有女子敢这么做，也变得大为逊色。因为唯有那样的夜晚与境遇，那样意气相投的一见如故，风流绝决的美女子，慷慨悲凉的没落侠士，才配有那样荡气回肠的爱情传奇。在这样的爱情传奇背后，我们的义士传奇又有了新的变化。

在以往的义士故事里，义往往和情是不搭调的，英雄义士往往是硬汉形象，而并非落落多情之人。自从这个故事后，情与义的交织才变得清晰起来。

虬髯客的义在于成全，在于放弃，很多枭雄不懂什么叫众望所归，非要在一个乱世里拼得你死我活，造成生灵涂炭。虬髯客没有留下什么，甚至连名字都没有，他如果和李世民争夺天下，结局也许是李世民胜，但是那时的天下会是怎样呢？还不是血流成河，百姓流离失所。

所以，成全和自知之明也是一个义士的基本条件。

至于李靖，他之所以成为三侠之一，分明是他和红拂女和虬髯客这两位当世豪杰都颇有渊源。人以类聚，义士的丈夫，义士的朋友，肯定也是义士！

我爱昆仑奴

电视剧《大明宫词》里有一段这样的情节：

> 太平公主与韦氏假冒男子，在街头玩耍，旁边叫卖的商贩吸引着她们。最终，太平公主拉着韦氏来到一处卖面具的摊位前。
>
> 太平公主：这是什么面具？黑如锅底，鼻子这么宽……
>
> 摊主：公子不知，这叫昆仑奴面具，大海盗王世杰刚刚从海那边贩回来一批昆仑奴，个个体壮如牛，却性情温良，踏实肯干，一到长安就被贵族豪门瓜分殆尽。如今，上街能带两个昆仑奴保镖，是世家少爷们最时兴的玩意儿！公子何不趁过节也买两个面具，赶赶时髦？

原来唐朝人所称呼的昆仑奴就是黑人奴仆。在唐代各类史书和笔记小说中，“昆仑”二字作为形容词用来描述脸面乌黑的中国人。

许多人不知道在中国唐代就已经有了黑奴，当然这些黑奴并非是从利物浦贩卖而来的非洲人。

据考证，昆仑奴是指来自台湾远山的少数民族。也有专家称昆仑奴实际就是菲律宾一带的黑人，这个时候，中国已经有了和东南亚国家交往的记录，所以这一带的黑人来到中原并非不可能。

本书绝不是像《物种起源》那样的深奥读本，所以在此就不再考证昆仑奴的来历了，昆仑奴最早出现在《唐传奇》中，昆仑奴的故事是这样的。

唐代宗大历年间，有一位姓崔的儒生，我们就管他叫崔生。

他父亲是一个地位显赫的官员，与当时的一位一品大员是铁哥们，崔生当时任宫中警卫，就是靠的这位一品大员走了后门的关系。

有一天，这位一品大员患了病。崔生的父亲命他去探视。崔生很年轻，容貌如玉，性情耿直，举止安详，语言清雅。

这位一品大员就派了一位漂亮的侍女去招待崔生，并把他引入内室。崔生拜过一品后，传达了他父亲的关怀之情。

一品很喜欢崔生，让崔生坐在面前，二人闲谈。这时有三个艳丽无比的侍女站在前面，手捧着金饰的食器，食器中盛着用糖水浸过的鲜桃。一品让一位身穿红绡衣的侍女端了一碗给崔生吃，崔生年轻，在这位侍女面前显得很羞涩，没有吃。一品又让红绡女子用匙喂崔生。他不得已才吃了，红绡看到崔生的窘相，会心一笑，那笑容让人荡漾。

崔生也笑了，咧着嘴傻笑。

又过了一会，崔生说着就要告辞回去。

一品说："你要闲暇时，必须经常来看我，可不要疏远了老夫。"崔生连忙答应。

一品就命红绡送崔生出院。这时，崔生一回头，看见红绡女伸出三个手指，又连续翻了三掌，然后又指了指胸前的小镜子，说："记住。"没有再说其他话语。

崔生回来，先向父亲转达了一品的意思。然后就返回学院。

这天晚上他怎么也睡不着，这才知道自己原来害了相思病，总也忘不了那个红绡女。意乱情迷之下，他脸也瘦了，话也少了，只是痴呆呆地想心事，整天不吃饭，他却吟了一首诗。

误到蓬山顶上游，明珰玉女动星眸。
朱扉半掩深宫月，应照璚芝雪艳愁。

他身边的人都不知道是什么意思。这时，崔生家有一个叫磨勒的昆仑奴，来看崔生，说："你心中有什么事，竟这样抱恨不已？你为什么不和我说。"

崔生叹了口气，说道："这是我心里的事，你们怎么能知道。"

磨勒笑了笑，说："你说吧，我一定能为你解除忧愁，不论什么难事，我都能办成。"

崔生觉得这话不一般，便把他这段经历告诉了磨勒。磨勒说："这是小事一桩，何不早说，你真是自找苦吃。"

崔生觉得磨勒在吹牛，又把红绡的隐语说了。磨勒哈哈大笑，说："这有什么难的，伸三个手指，是说一品家有十院歌姬，她是第三院的。翻掌三次，正是十五，是说十五日后。胸前小镜子，是说十五的月亮圆如镜，叫你去相会。"

崔生一听，别说这黑厮还真有两下子，所以非常激动，便对磨勒说："用什么办法才能解开我心中的郁结，达到我的愿望呢？"

磨勒笑了，说："后天晚上，就是十五夜，请你用两匹青绢，做一套紧身衣服。一品家有猛犬，看守歌姬院门，一般人是进不去的，进去也将被咬死。那犬，其警如神，其猛如虎，是曹州孟海之犬，这个世界上，除了我，别人可接近不了它。为了你，我就去把那只狗杀了。"

崔生半信半疑，不知道他是不是在吹牛，不过既然有人愿意去帮自己传信，那自然好。崔生便弄来了酒肉，犒赏磨勒。到了那晚的三更，磨勒拿了炼椎（一种兵器）走了，只过了吃顿饭的时间他回来了，说："狗，已经叫我打死，这回没有障碍了。"

崔生惊得目瞪口呆，这么快就把狗打死了，那你把人一块带回来不就得了吗？

磨勒差点没气死，你这色迷心窍的书生，这会去？黑乎乎的，人家能跟我走吗？我一会背着你一起去。

这晚三更后，崔生换上了紧身青衣，磨勒背着他飞过了十多重院墙，到了歌姬院，在第三院停下了，门也没锁，灯还亮着，只看着红绡姬长叹而坐，好像在等待。她不戴头饰，不施脂粉，满腹怨恨，满面悲戚，她在吟诗：

深洞莺啼恨阮郎，偷来花下解珠珰。
碧云飘断音书绝，空依玉箫愁凤凰。

宫中的侍卫都睡了，周围很寂静。崔生便慢慢地掀起门帘进去了，过了一会儿，红绡认出来人是崔生，便急忙跳下床，拉着崔生的手，说："我知道你很聪明，一定会悟出我隐语的意思，所以那天才用手语。可我不知道郎君你有什么神术，才能到这深宅大院？"

崔生说自己还真没有这么聪明，都是磨勒为他出的主意，并背他飞到这里的。

红绡问道："磨勒在哪？"

崔生说，在帘外，便把磨勒叫进屋，红绡用金饰杯盛酒叫磨勒喝。红绡告诉崔生说："我家原来很富有，住在北方，是一品用武力逼迫我做了姬女，我本来想自杀，却没有胆量，苟且偷生到了现在，虽然我天天涂脂抹粉，心里却很苦闷。就是吃山珍海味，穿绫罗绸缎。铺金盖玉，这都不是我希望的，我好像在监狱里似的，磨勒既有这么高超的武艺，何不帮我逃出监牢，只要我的愿望实现了，虽死不悔。我情愿为奴仆，侍候在你身旁，可是，我不知道郎君有什么高见？"

崔生只是闷闷不语，犹豫不决。

磨勒心里说，这个没主意的小白脸，忙跟着说道："娘子既然这么坚决，逃出虎口，只是小事一件。"

红绡非常高兴，磨勒先为红绡姑娘把随身用的衣服，搬出了大院，然后说，恐怕晚了就要天亮了。磨勒便背崔生和姬女，飞出高墙大院十几处，一品家的守卫，竟然都没发现。

磨勒回来后，到学院隐藏了起来。

天亮了，一品家乱了，狗死了，红绡也不见了，连东西都不见了。

一品大吃一惊，说："我家墙高院大，警卫森严，门户紧锁，来人是飞腾而来，没留一点痕迹，必定是侠士所为，这事不要声张，以免惹祸招灾。"

红绡在崔生家隐居两年，到了春暖花开季节，她坐着小车去游曲江，被一品家人暗中认出来了，告诉了一品。

一品有点疑惑，便召来崔生追问此事，崔生胆怯不敢隐瞒，便详细地把前后经过都说了，最后说都是因为磨勒背着才去的。

没有义气的书生就这么出卖了为自己出生入死的昆仑奴。

一品说："这是红绡的罪过，但她已服侍你几年了，也不能向她问罪了。但我要为天下人除害。"

一品命令五十名士兵，持兵器包围崔生的院子，叫他们抓捕磨勒。磨勒呢，丝毫不惧，手持匕首，飞出高墙，轻如羽毛，快如鹰隼。尽管箭矢如雨，却没能射中他，顷刻之间，不知去向。

崔家却是一片惊慌，一品也有些后怕，每到晚上，配备了很多持剑执戟的家童自卫巡逻，这样做了一年多。

十多年后，崔家有人看见磨勒在洛阳集市卖药，面貌还和从前一样。

崔生只是个胆小如鼠，毫无智慧的小白脸，而昆仑磨勒却是一个有勇有谋的侠士，不知道红绡到底喜欢崔生什么？

高富帅和侠士哪个更有魅力呢？如果是女人，我觉得他们更应该爱昆仑奴才对吧？

所以，在九十年代的电视剧《昆仑奴》中，编剧把崔生变成了反面角色，而让红绡和女侠张颖（原创人物）都爱上了憨厚可爱，武艺高强的磨勒。

美女应该配侠客，这才是符合普世价值观。而我们今天的可爱编剧们把这个愿望实现了。

义士难断家务事

唐朝的书生多是狼心狗肺之人，或是背信弃义，或是抛弃红颜。与这些知识分子形成鲜明对照的是当时的侠客们，他们在这些女子最为需要他们的时候，表现出了他们的侠骨柔情，《霍小玉》这个故事中的黄衫客就是其中的代表。

唐朝大历年间，陇西有个叫李益的书生，二十岁就考中了进士。到第二年，就要参加拔萃科考试，等着由吏部来主持复试。

六月盛夏，李益到达长安，住宿在新昌里。李益门第清高华贵，年轻时就有才气，作诗的本领，世上无双，他又十分尊重前辈师长，所以陇西的知识分子阶层全都推崇佩服。

他常自夸耀其风流才情，希望得到佳偶。在唐朝时，比较崇尚自由恋爱，结了婚的人也愿意四处寻求名妓。

在唐朝青楼流连，那是才子的标志。如果说一个读书人没去过青楼，那你都不好意思跟别人打招呼。

但是李益寻找了很久也没能找到一个情投意合的。

长安有个媒婆叫鲍十一娘，是从前薛驸马家的婢女，赎身嫁人，已有十多年了。她秉性灵活乖巧，擅长花言巧语。富豪之家、皇亲国戚的住处，她都一清二楚，她还常常给有钱人出谋划策，给人拉皮条。

她常受李益诚心的委托和丰厚的礼品，心里很感激他，就想给他找个红颜知己。

几个月后，李益正闲住在房舍的南亭。下午时前后，忽然听到急促的敲门声，仆人说是鲍十一娘到了。李益撩起衣服跟着跑出来，迎上去问道："鲍妈妈今天为什么忽然来了？"

鲍十一娘笑着说："有个仙女，被放逐在人间，不追求财物，只爱慕风流人物。像这样的角色，和您正好匹配啊。"

李益听说后惊喜雀跃，神采飞扬，身体轻飘飘的，拉着鲍十一娘的手边拜边谢道："这事要能成，我一辈子都做你的奴仆，死了也不怕。"

李益猴急，忙问她的姓名和住处。鲍十一娘这才详细说道："她是从前霍王的小女儿，字小玉，霍王很喜爱她。母亲叫净持。净持就是霍王宠爱的婢女。霍王刚死的时候，众兄弟因为小玉是低贱的婢女所生，不太愿意收留。于是分给她些资产，叫她们母女住在外面，这母女俩隐姓埋名，人们也不知道她是霍王的女儿。她姿质艳美，我一辈子也没有看见过这样漂亮的人；情趣高雅，神态飘逸，处处都超过别人；音乐诗书，没有不精通的。前些时托我寻找一个好郎君，品格情调都要能相称的。我详细介绍了十郎（李益家里排行老十，熟人都管他叫十郎）。她也知道李十郎的名字，非常高兴称心。她家就住在胜业坊古寺巷里，刚进巷口有个车门的宅子就是。已经和她约好时间，明天午时，你只要到巷口，有个叫桂子的婢女，会领你进去的。”

鲍十一娘走后，李益就准备前去的计划。他先派家僮秋鸿，从堂兄京兆参军尚公那里借了一匹青黑色的小马和黄金马笼头，这完全是为了向那位仙女级的姐姐炫耀一下自己的高贵。

晚上，李益换洗衣服沐浴，修饰容貌仪表，高兴得手舞足蹈，整夜睡不着觉。

天刚亮，戴上头巾，拿过镜子照照，只怕还不合适。犹豫之间，已到了中午。便命备马疾奔而去，直达胜业坊。到了约会的地方，果然看见一个婢女站着等候，迎上来问道：“莫非是李十郎吗？”

李益随即下马，这个婢女就是桂子。李益亮出身份，让桂子牵着马，走进大院，看见鲍十一娘果然从里面出来，远远笑着说：“哪来的小子，冒冒失失到这里来。”

李益一边和鲍十一娘聊天，一边开着玩笑，就被引进中门。

庭院间有四株樱桃树，西北角挂着一个鹦鹉笼，鹦鹉看见李益进来，便说道：“有人进来，快快放下帘子！”

李益本来生性雅静，心里还在疑惧，忽然听见鸟说话，惊讶得不敢向前走了。正在踌躇，鲍十一娘已领着净持走下台阶来迎候他了。进屋后对面坐下。净持年纪四十多岁，绰约多姿，谈笑很迷人。她对李益说：“一向听说十郎有才情又风流，如今又看到容貌雅秀，果然名不虚传。我有一个女儿，虽然缺少教训，但容貌还不至丑陋，如能配给郎君，甚为相称。鲍十一娘常来说你的好，今天就让她永远来服侍您。”

李益答谢道：“我笨拙平庸，想不到承您看重，倘蒙收留，生死为荣。”

净持于是命令摆上酒宴，随即让霍小玉从厅堂东面的闺房里出来。李益连忙起来拜迎。霍小玉出现了，这姑娘的美丽是难以用语言形容的。鲍十一娘没说谎，这姑娘就像是段誉看到过的神仙姐姐一样，让人一见难忘！

霍小玉步履如花，随后就坐在母亲身边。

母亲对她说：“你经常喜欢吟咏的‘开帘风动竹，疑是故人来’，就是这位李十郎的诗呀。你整天吟想，怎么比得上见一面呢。”

霍小玉便低下头微笑，轻声说道：“见面不如闻名。才子怎么能没有英俊的相貌。”

李益也就接着站起来下拜，道：“小娘子爱才情，鄙人重视美色。双方爱好相互映衬，才貌便兼有了。”

母亲和女儿相视而笑，便举起杯来劝了几回酒。李益起身，请霍小玉唱歌。开始时她不肯，母亲再三要求，她才答应。这一曲唱下来，如果是放在现在的《中国好声音》，那绝对是四位导师都要为她转身的。

这声音让李益心神荡漾，酒宴结束，已到天黑，鲍十一娘引着李益到西院安息。

静静的庭院，深邃的房子，帘帐都很华丽。鲍十一娘让桂子替李益脱靴解带。不一会儿，霍小玉来了，言谈温柔和顺，辞气婉转迷人。脱下罗衣的时候，体态更显得美丽，放下帐子，两人枕上相亲，极其欢爱。

李益自认为宋玉提到的巫山神女、曹植遇到的洛水神女，也不会超过此情此景了。

夜半之时，霍小玉忽然流泪看着李益说："我本是娼妓人家，自己知道不能与你匹配。如今因为姿色而受到你的爱恋，托身给仁贤君子，只怕我一旦年老色衰，君的恩情随即转移衰退。我就会像秋天的扇子一样被抛弃。"说完，霍小玉悲伤了起来。

李益听了她的话，不胜感叹。于是伸过手臂去让她枕着，慢慢地对霍小玉说："生平的愿望，今天得以实现，即使粉身碎骨，我发誓决不丢开你。夫人为什么说出这些话！请拿出白绢来，我写上盟约。"

霍小玉止住眼泪，让婢女挑起帐子拿着蜡烛，递给李益笔砚。霍小玉在生活之余，很喜欢诗书，箱子里的笔砚，都是霍王家的旧物。

李益一向富有才思，拿过笔来就写成文句，引用山河作比喻，指看日月表诚心，句句恳切。书写完毕，便让她收藏在珍宝箱里。

从此之后，两个人相亲相爱，这样的美好生活过了两年，两人日夜相随，形影不离，好像翡翠鸟在云中一样。

后一年的春天，李益科举中第，被授予郑县主簿的官职。到了四月，将要去上任，乘便到东都洛阳探亲报喜。长安的亲戚很多来设宴给李益庆贺。

当时春天的景色还未消尽，夏天的景色初放光彩，酒席结束宾客散去。可离别之情已经萦绕在了霍小玉胸中，她对李益说：“以郎君你的才学和名声，多为人仰慕，愿意和你结婚的人，一定排着队呢。何况你没有正妻，这次回家，双亲肯定让你娶妻结婚。当初盟约上的话，只是空谈罢了。然而我有个小小的愿望，想立即当面陈述，愿它永远记在你心上，不知你能听吗？”

李益惊怪：“干吗忽然说出这些话？有话就说，我一定牢记在心。”

霍小玉说：“我年方十八，郎君也才二十二岁，到你三十而立的时候，还有八年。一辈子的欢乐爱恋，希望在这段时期内享用完。然后你去挑选名门望族，结成秦晋之好，也不算晚。咱们欢愉到你三十岁，我也就不虚此生了，到时你去娶妻生子，我就抛弃人世之事，剪去头发出家，到那时也就不虚此生了。”

李益又惭愧又感动，不觉流下眼泪，于是对霍小玉说：“我对天发誓，不论生死都会信守。务必求你不要疑虑，只管安心在家等待我。到了八月份，我一定会回到华州，随即派人前来接你，相见的日子不会遥远的。”

又过了几天，李益就告假东去了。上任后十天，李益请假到东都洛阳省亲。还未到家时，太夫人已替他做主，和表妹卢氏订了亲，甚至连婚约都已拟定好了。太夫人一向严厉固执，李益踌躇不敢推却，便前去行礼答谢，随即约定好了在近期成婚。

卢家也是名门望族，嫁女儿聘娶的彩礼定要订为百万之数，不满这数目，这媳妇根本娶不成。

李益虽然在外大手大脚，包养霍小玉，但其实家中并不富裕，办这事还要去借钱，于是找个借口请假，到远地去投奔亲戚朋友，渡过长江、淮水，从秋天一直到夏天，这钱也没凑齐。

李益因为自己背弃盟约，长期拖延回去的期限，什么消息也不带给小玉，就想断绝她的希望，他还告诉自己的亲戚朋友，不要泄露这事。

霍小玉自从李益过期不归，屡次打听音信。但是各种传说，纷至沓来，有的说李益死了，有的说李益早结婚了。她广求巫师，遍访占卦的人，这么一年多的时间里，她内心忧恨，忧郁成疾。虽然李益的书信完全断绝了，但霍小玉的思念盼望却始终不变，送钱财给李益的亲戚朋友，希望能从他们那里获得一些消息。

可是，这些人都是只会拿钱不会办事，知道的不说，不知道的也不去帮忙巡查。

就这样，霍小玉积累的财富很快就花完了，没有办法，她经常暗自让婢女偷偷去卖掉箱子里的衣服和珍宝，这些财宝多数卖给西市当铺老板侯景先家。

一次让婢女拿了一只紫玉钗，到侯景先家去卖。

路上遇见皇家老玉工，看见婢女拿的钗，上前辨认道：“这只钗是我制作的。当年霍王的小女儿将要梳头发，让我制作了这只钗，酬谢我一万文钱。我一直不曾忘记。你是什么人，怎么会有这东西？”

婢女说：“我家的小娘子，就是霍王的女儿。家道衰败，沦落嫁了人。夫婿前些时到东都去，再也没有消息了。她抑郁成病，现在快有两年了。让我卖了它，把钱送人，托他们打听夫婿的音信。”

玉工凄然流泪说：“显贵人家的子女，落魄失机，竟然到了这般地步，我残年将尽，看到这种盛衰变化，也忍不住伤感万分。”于是带这个婢女到延光公主的府上，详细说了这件事。

公主也为此悲叹了很久，送了霍小玉十二万文钱。

这时，与李益定亲的卢姑娘正在长安，李益也已经凑足了聘娶的财用，回到郑县。这年腊月，又请假进京城来成亲。李益故意找了一处幽静的住所，为的是不让别人知道。

李益的表弟，叫崔允明，这人很厚道，前些年常和李益一同在小玉家欢聚，吃喝谈笑，彼此亲密无间。每次得到李益的音信，必定老实告诉小玉。只可惜，他也不太了解李益的行踪。

李益已经到了京城，崔允明得知后，第一时间告诉了霍小玉。霍小玉怨恨地叹息道：“世上竟有这样的事情吗？”

崔允明遍请亲朋好友，千方百计叫李益来。李益自认为拖延归期违背了盟约，又得知小玉病重，惭愧羞耻，索性狠心割爱，始终不肯前去。他早出晚归，想以此回避。

霍小玉日夜哭泣，废寝忘食，一心想见李益一面，竟没有任何机会。悲愤之心越来越深，最后困顿地病倒在床上。

没有不透风的墙，这时长安城中霍小玉的不幸遭遇已经被传得沸沸扬扬。风流人士与豪杰侠客，无不感叹霍小玉的多情，愤恨李益的薄幸。

这时，一位神秘的大侠就打算管管这件事！

时节已到三月，人们大多出去春游。李益和其他五六个人到崇敬寺里去欣赏牡丹花，漫步于西廊，轮番吟咏诗句。

京兆人韦夏卿，是李益的好朋友，这时也在一起游玩。他对李益说："风光非常美丽，草木繁荣茂盛。可怜霍家姑娘，含冤独守空房！足下竟会把她抛弃，实在是狠心的人。大丈夫的心胸，不应当如此。您应当为她着想！"

李益跟没听到一样，继续往前走。韦夏卿摇了摇头，正在叹息责备的时候，忽然有个豪士挡在了这一行人的前方，他穿着华丽的黄衫，有一个剪成短发的胡族小童跟在后面。黄衫客上前对李益作揖说："您不是李十郎的吗？我的家族本在山东，和外戚结了姻亲。我虽然没有什么文才，心里却一向喜欢贤能的人。仰慕您的声誉，常想一见。今天幸会，得以一睹风采。我简陋的住处，离这里不远，也有乐队歌伎，足以娱悦性情。美女八九个，骏马十多匹，随您怎么玩乐都行。只愿您光临一次。"

李益一行人听到这话，都很高兴，便和这个豪侠策马同行，很快绕过几个坊，就到了胜业坊。

因为靠近霍小玉的住处，李益不想过去，就推托有事，想回马而去。豪客却说："敝处近在咫尺，能狠心撇下不去吗？"说着便挽着李益的马，牵引着往前走。拖拖拉拉之时，已到了霍小玉住的小巷。李益神情恍惚，鞭打着马想回去。豪客一嚷嚷，从小巷中闪出来好几个大汉，架着李益就往前走，把李益推进了车门宅内，随后有人锁上了门，通报道："李十郎到了！"

听到这声音，霍小玉全家又惊又喜。

其实，在这天的前一个晚上，霍小玉就梦见穿黄衫的男子抱着李益来，李益到了床前，让小玉脱鞋。霍小玉醒后，觉得自己的大限快到了。

"鞋者，谐也。是说夫妻要再次会合。脱者，解也。已经相见了又要分开，也就是永别了。从这个征兆看来，我们一定很快就会见面，见面之后，我就要死了。"霍小玉想着想着眼泪又流了下来。

到了清晨，霍小玉请求母亲为她梳妆打扮。母亲认为她长期生病，神志紊乱，不怎么相信这事，勉强替她梳妆。梳妆刚结束。李益果然来了。

霍小玉躺卧病榻日久，转身都要有人帮助。但听说李益来了，她飞快地自己起了床，换好了衣服走出去，好像有神助似的。

两个人终于见面了，和李益见面，霍小玉心死了，她含怒凝视，后来她用衣袖一再掩着脸，不再看李益，虚弱的身子根本支撑不住，只能依靠在门框上。

不久，有人把几十盘酒菜，从外面拿了进来。在座的人都吃惊地看着，忙问原由，原来这些都是那个黄衫豪客送来的。

摆设好后，大家相互靠拢坐下来。霍小玉便侧过身，斜眼看了李益好久，随即举起一杯酒，浇在地上说："我身为女子，薄命如此。君为大丈夫，负心到这种地步。可怜我这美丽的容貌，小小的年岁，就含冤死去。我的死都是你造成的。李君啊李君，今天就要永别了！我死以后，一定变成厉鬼，让你的妻妾，终日不得安宁！"说完，伸出左手握住李益手臂，把酒杯掷在地上，高声痛哭了好几声，就倒在了地上，人们再去扶她，才发现霍小玉已经气绝身亡。

霍小玉的母亲见女儿如此刚烈，马上抬起尸体，放到李益怀里，让他呼唤她，可霍小玉却再也无法醒来了。

李益为她穿上白色丧服，从早哭到晚上。安葬的头天晚上，李益忽然看见霍小玉在灵帐当中，容貌美丽，像活着的时候一样。她斜身靠着灵帐，手握绣带，看着李益说："惭愧！蒙你送别，还有未尽的情意。我在阴曹地府，怎么能不感叹呢。"说完，就不见了。

第二天，霍小玉便被安葬在长安御宿原。李益到了墓地，痛哭了一场才回去。一个多月以后，李益和卢氏成了婚。李益成天睹物伤情，郁闷不乐。夏季五月，李益和卢氏一起回到郑县。到县里过了十天，李益正和卢氏睡着，忽然帐子外面有嘀嘀咕咕的声音。

李益吃惊地一看，初见一个男子，年纪二十多岁，姿态温和美丽，躲藏的身影映在帐子上，连连向卢氏招手。李益惊恐地赶快起床，绕看帐子好几圈，身影却忽然不见了。李益从此猜忌万端，夫妻之间，矛盾也凸显了出来。亲戚百般劝解，李益的猜忌心意才慢慢平息。

过后十天左右，李益又从外面回来，卢氏正在床上弹琴，忽然看到有人从门口抛入一个犀牛角的盒子，宽度一寸多，中间束有轻绢，打成同心结，落在卢氏怀中。李益打开一看，见有两颗表示相思的红豆。李益当即愤怒地大声吼叫，声音如同豺狼猛虎，夺过琴砸他妻子，这是以为妻子给自己戴了绿帽子。

卢氏怎么说也辩解不清楚。从此之后李益常常粗暴地鞭打妻子，百般虐待，最后诉讼到公堂把她休掉了。卢氏走后，李益又找了几个侍女，偶然同一次房，但也总是嫉妒猜忌，这些侍女总是受到虐待，经常有逃跑的。

从此，李益疯了，彻底地疯掉了，就像是很多鬼故事的结局一样，这个悲剧也到此结束了。妓女的故事大抵会是以悲剧收场，这是由所处的时代所决定的。

在感叹这起爱情悲剧的同时，我更关注的是这个故事里的义士形象，也就是让李益和霍小玉重逢的那位黄衫豪客。

这位豪客能够为根本不认识的人打抱不平，而且连名字都不留下，绝对是大唐朝的“活雷锋”。

不同时期的唐传奇中豪侠义士的形象有不同的特点，中唐时期的《谢小娥传》《柳氏传》《柳毅传》《冯燕传》等小说刻画了一批轻生死、重然诺、爱惜名节、鄙弃财禄的豪侠义士形象。他们虽然举止各异，社会身份也互不相同，然而都具有一种气势浑厚的道德风范和纵横捭阖的人生情态。

霍小玉和李益的故事发生在中唐，这个时代的豪侠大都是普通人中的一员，虽然他们未必有高超的武艺，但却有着不屈的精神、无畏的胆识，在道德方面堪为人表率，强调的是侠之义。

而作为普通人的黄衫豪客，其实也有着自己的局限性，都说清官难断家务事，其实义士也是这样，自己再强大，也不能强求这男女之事。霍小玉的命运悲惨如斯，大侠能气，能杀，却不能成全！这也许才是真正的属于义士的无奈！

“义妓”回忆录

在中国的文学作品中，妓女并非是精神堕落的女子。而在大多数情况下，她们变成了义士的代表，在那些社会腐败、人性沉沦的时代里，她们甚至当作了神一样，去受人供奉。比如南宋的梁红玉，还成为了民族英雄。

在风花雪月的大唐王朝，妓女们生活在社会的底层，但是她们的义行，却被人们世代传颂着。

本节的主人公叫李娃，她的原名李亚仙，是唐代天宝年间京都长安的一位烟花女子，以重情仗义而被人们誉为义妓。她抛弃繁荣，助其所爱，更能谨守妇道，严整治家，因而被朝廷封为汧国夫人，一个出身卑贱的妓女竟能获此殊荣，在当时引起了轰动。

要了解李娃这个人，还需先从一个叫郑元和的男子讲起。

郑元和是唐玄宗天宝年间、常州刺史郑仁仰的独生子，天资颖慧，相貌堂堂，他的文章诗赋自幼就在当地堪称一绝，不但众人羡慕不已，他的父亲郑仁仰更是欣喜自得，常拈须自乐：“我儿青出于蓝而胜于蓝也！”每当同僚聚宴酒酣时，他常会指着儿子得意地说道：“这是我家的千里驹呢！”

父亲对郑元和寄予厚望，等待着他早日金榜题名，名传天下。郑元和确实也算争气，不到二十岁，就以第一名的成绩通过了常州地方的科举初试，取得了入京参加礼部会试的资格。

天宝七年中秋过后，郑仁仰为儿子准备了足够多的盘缠，送郑元和进京赴试。临行前，郑仁仰与夫人一边一个拉着儿子的手，千叮咛，万嘱咐：“要好好注意身体，别着凉！路上小心，昼行夜止！考试要细心，不要慌张！有了好消息，赶快打发人回来报信！”他们心中对儿子充满了希望，认为会试告捷是必然中的事，特别担心的只是儿子初次独自离家远行，路途上是否顺利。

郑元和春风得意，一副少年不知愁的模样，意气风发地告别了家人，踏上进京的路程。

一路轻装快马，九月底便到达了繁荣热闹的长安城。礼部的考试日期是十一月上旬，中间还有近两个月时间，郑元和便在长安布政里客栈中住了下来。

金秋十月，是长安市区和近郊最美的季节，处处丹桂飘香，秋风送爽，郑元和安顿下来后，便日日打马出游，饱览了长安市上的繁华景象和城郊一带的锦绣风光。等到这一切领略过了以后，一日闲坐客栈中无事，他觉得功课早已烂熟于心，根本用不着像别的考生那样忙着临阵磨枪，于是盘算着还有什么地方可玩。

这时他听到客栈院中有两个商人模样的旅客在聊天，说起他们昨日在长安的花街柳巷中的风流韵事，神情十分陶醉。郑元和平时在家中因受家规约束，从未涉足过这些风月场所，同窗诗会偶尔叫几个歌伎助兴，郑元和还嫌她们浅薄庸俗。如今听他们说起京都中的风花雪月，似乎津津有味，他只觉得热腾腾的血在身体内激荡，因而也决定去试上一试。

就像是很多在外地上大学的大学生一样，一旦离开了父母的眼皮，自制力就下降了很多，郑元和也不例外。

黄昏时际，郑元和漫步来到长安的红灯区平康里，这里一条街上密密地排满妓院的酒楼，每幢房前，都有几个浓妆艳抹的妖艳女人在向路人邀宠献媚。

郑元和一路逛过，那些女人见了他这样一位年轻英俊的独身男子，更是殷勤万分。而在郑元和眼里，这些莺莺燕燕实在是一堆庸俗脂粉，太没有情调、太没有气质，哪里能吸引得住这位江南的贵族才子呢？

一直行到街里的鸣河曲，在一所装饰华丽的房屋里，临窗坐着一位女子，那姑娘约莫十五六岁，着一身淡淡的鹅黄色绸衣，一双大眼睛乌溜溜地漾满了春风，手执一柄纨扇，半遮着白嫩的脸庞，并不像其他女子那样媚眼诱客，神情中还仿佛透露着娇羞。

郑元和不由自主地停下了脚步，一双眼睛也直瞪瞪地盯住了那女子，那女子似乎更羞怯了，两朵红晕飞上面颊，长长的睫毛垂下来遮住了眼帘。郑元和的心随着她的细微动作变化而荡漾，手中握着的折扇吧嗒一声掉落地面。

折扇落地的声音惊动了屋里的鸨母，她敏捷地撩开门帘一看，一位穿戴华丽，仪表堂堂的公子哥儿站在门前望着窗口发怔。善于察言观色的鸨母立即猜中了来人的心思，心想："发财的机会又到了。"她连忙跑了出来，扯住郑元和的衣袖，直呼："客官，里面请！"

鸨母并没让他在客厅里停留，而是直接把他送到那黄衣女子的屋里，并一边献宝似的对他说："我们李娃姑娘可是没开的花骨朵，今日里第一次上场接客，公子可真是有福气哟！"鸨母掀开李娃房间的门帘，把郑元和推给了她。

里边的李娃姑娘见来了客人，心里一阵发慌，待她定神一看，客人恰是窗外那位翩翩公子，又略添了几分欣喜和安慰。今天是她头一遭接客，她当然期盼一个可意的人。

进了屋的郑元和，见黄衣姑娘款款地从窗边的炕上站了起来，略显迟疑地朝他嫣然一笑，且请他坐了。再打量那姑娘，见她身段小巧玲珑，年龄显得不大，而那一举手、一投足之间，却分明显示出一种优雅的韵致，与别的烟花女子绝然不同，令郑元和心倾神迷。

两人娓娓叙谈，原来那女子本为高门闺秀，本名李亚仙，因父亲仕途受挫，家道中落，一年前才被迫沦落风尘。那收买她的鸨母见她资质绝佳，便视为上品，一心想把她培养成一棵摇钱树，因此买下她后，为她改名李娃，经过一年的悉心调教，今天才让她开始接客。

李娃幼承庭训，教养甚佳，精通诗书，与郑元和相谈得十分投机。郑元和由怜生爱，由爱生恋，当晚就留宿在李娃房中。李娃美丽且有气质，鸨母要价是相当高的，郑元和一惯贵公子作风，又是为了心爱的姑娘，自然也就不惜一掷千金。

有了心神俱醉的第一夜，郑元和就再也放不下李娃，他索性抛出重金，长期住在了鸣河曲中，鸨母见有利可图，也就乐得成全他们。

郑元和称李娃为李亚仙，仍把她视作娴雅贞洁的世家小姐，立誓此生决不相负；李亚仙更是感激涕零，保证此身只属郑郎，海枯石烂，贞情如一。

谈诗论文、赏月观花，一对小情人沉醉于多姿多彩的甜蜜生活之中。郑元和早已把礼部会试的事忘到了九霄云外，日日醉倒在温柔乡里。

时光飞逝，春去秋来，转眼又到第二年的秋天，郑元和所带的丰厚盘缠，经过这一年的挥洒，已经一文不剩，只认银钱不认人的鸨母开始对他冷眼相待。碍于一年相交的情面，鸨母没有直接赶走郑元和，而是趁他外出之际，派人把李亚仙强行架上马车，转到另一家远处的妓院去了。

待郑元和回来，已是人去楼空，鸨母对他冷言相讽，绝口不露李亚仙的去向。

郑元和明白自己身无分文，已经没有资格再做青楼娇客，李亚仙毕竟不是自己名正言顺的妻子，也就无法与鸨母论理。沉落于贫寒孤寂中的郑元和开始想到家乡和父母，想到自己前来京城的初衷，如今不但功名无成，而且败落到这般地步，他根本无法回家向父母交代。

不管怎么说，总得先找一个落脚和吃饭的地方才行，于是他只好厚着脸皮去找长安城中的亲戚朋友。大家虽然还客客气气地对他，但谁都知道他那段荒唐的历史，心中对他十分鄙夷，因而也就没有谁愿意收留他长住。

他失意、他愤怒、他诅咒、他发狂似的在长安街市上流浪，上顿不接下顿。最后，还算凭着他的一点才识和仪表，谋到一份“凶肆歌者”的差事，勉强解决了吃饭问题。

所谓凶肆歌者，就是殡仪馆里的司仪人员，包办撰写祭文、表礼司仪、悲唱挽歌、执绋送葬等一整套丧事。因古人忌讳死人，所以这种职业被视为下贱之职，一般正经的读书人是不愿意去做的。

郑元和堂堂一个官家弟子，现在来做这种事，实在也是迫不得已。对这一套工作，郑元和倒是颇能胜任，他文章感人，仪态从容，歌声清越，还常常一边唱挽歌，一边想到自己悲凉的遭遇，痛切之情愈加逼真，这样还时常能获得丧家额外的赏金。生活问题虽然暂时不用发愁，但是徒有满腹经纶，却无用武之处，前途茫然，更不知将来会走到什么地步？他真怕自己的一生就这么浑浑噩噩地过去了！

郑仁仰在常州左等右盼，巴望着儿子的好消息传来。先前还风闻儿子在长安舞花弄月的消息，但他心想青春少年做点荒唐事，无须大惊小怪。后来新科发榜了，他从前看到后，从后看到前，不但没有儿子的名字，竟然没了一点点儿子的音讯。于是他以入京觐见皇上为由，来到长安，寻找宝贝儿子。经过几天的奔波、四下的探访，最后竟然在一个送葬的行列中找到了郑元和，他正手执丧幡，长放悲歌。见到此情此景，郑刺史气得全身发抖，几乎不敢相信亲眼所见。待他回过神儿来，不由分说地命左右把郑元和从队伍中拖出来，挟持到郊外的曲江杏园墙外，扬起皮鞭，对儿子一顿没头没脑地抽打，边打边怒骂道："老夫望子成龙，想不到你的志行如此卑贱，我还未死，你就大唱起挽歌来，真是玷辱了郑家的门风，愧对列祖列宗！"发泄之后，郑刺史带着随从转身离去，临走时丢下一句话："从今以后，我没有你这个儿子，你也没有我这个老子了！"

本来父亲出现在眼前，本以为父子团聚，老父可以拉他一把，即便不拉上一把，他本也可以凭借这份并不体面的工作解决温饱。但是郑元和却被打得遍体鳞伤，加之又羞又悲，只剩下一丝气息。后来被好心的过路人找来医生勉强救活，但伤处一直未愈，又值盛夏，全身肉烂生蛆，臭不可闻，无人愿管，成了一个路边的乞丐。秋叶落尽，又是冬初，郑元和仍然是一袭破烂的单衣，缩在东城门角，饥寒交迫，竭尽最后一点气力发出乞讨的哀号。

李亚仙被鸨母软禁了一段时间，行动得不到丝毫自由。过了些时候，鸨母渐渐放松了监视，她便设法四处打听郑郎的消息，却一直了无音讯，让她几乎都绝望了。

这天乘车路过东城门，忽闻一阵哀乞声。她不由自主地心中一沉，命车夫放慢车速仔细辨听，那声音好熟悉！于是她轻轻掀开车幔，寻声望去，那蜷缩在墙角的乞丐竟然正是她梦寐以求的郑郎。不由得泪如泉涌，毫不顾路人惊疑的注视，冲到郑元和身旁，脱下身上的披风，裹在郑郎身上，也不嫌弃他身上的污秽和腥臭，把虚弱的郑郎抱在怀中，呜呜咽咽地大哭了起来。

其后，李亚仙把郑元和带回了妓院，用自己这两年攒下来的全部积蓄为自己赎了身，又变卖了仅有的一点首饰，在城外买了一处勉强可以容身的小屋。一对情人就这样冷冷清清地安顿下来了，李亚仙悉心体贴地先调治好郑元和的疾病，然后鼓励他重新树立信心，努力上进。郑元和经过这一番挫折，立志痛改前非。

不过我觉得，即便是郑元和嫖宿有错，那么也是错有错着，能遇到李亚仙这样的姑娘，这样的荒唐事也就变成幸事了。

两口子的日子过得依旧很清苦，李亚仙织布维持生计，郑元和关在小屋中埋头苦读。

终于皇天不负苦心人，天宝十年，郑元和参加礼部会试，中进士及第，接着又参加殿试，名列第一，朝廷授职为成都府参军。

郑元和荣获功名，李亚仙先是喜不胜收，继而又暗想自己出身青楼，历尽风尘，情郎官高位显之后，想必会另择名门淑女婚配，然后抛弃自己，在唐朝这样的例子比比皆是。想到这里，她不敢往下再想，索性先发制人，垂泪对郑元和道：“妾身卑贱，不足以事君子，请从此去，君当自爱！”

郑元和闻言伤心，含着泪劝慰说：“我有今天，全由夫人所赐。我贫贱时，卿不弃我；今我富贵，卿为何忍心离我而去？倘若不能同往成都，我当自刎而死，以报卿之大恩大德！”

听到这一席话，李亚仙彻底放心了，她的郑郎决不是一个负心人。不久择一吉日起程，郑元和携李亚仙赴成都就任。

就在郑元和从长安赴成都的同时，朝廷恰好调遣其父郑仁仰为成都府尹，也由常州西上，父子两人重逢在成都。郑仁仰见到曾被自己毒打抛弃的儿子，只觉惭愧无颜；郑元和虽然也懂得父亲的斥打事出有因，但对他那般无视父子之情而心有余恨。这时幸而李亚仙出面劝解郑元和，才使郑氏父子以礼相识，恢复了父子关系。

之后，郑元和向父亲一一禀明李亚仙的身份和情深义重之举，郑仁仰大为感动，于是请下媒妁，备下大礼，为两人举办了隆重的婚礼，李亚仙成为郑元和正式的妻子。

成都府尹与成都府参军，白天分衙办事，晚上同归一宅，公务合作无间，家事也融睦和乐。而李亚仙作为儿媳妇，一面殷勤地侍奉公婆，一面悉心地相夫教子，谨守妇道，端庄贤淑，博得蜀中官民的交口称赞。

唐玄宗天宝十四年，安禄山起兵范阳，攻陷长安，唐玄宗大驾西行，避难来到成都，郑氏父子护卫得宜，深得唐玄宗赞赏。后来唐肃宗收复长安，唐玄宗以太上皇名义回銮返京，郑氏父子均得到加官进爵的赏赐。李亚仙则以其言行，也被封为汧国夫人。

中国有一句很粗俗的话，叫“婊子无情，戏子无义”。妓女生活在“红灯区”，她们却是古老的“灰色阶层”。再红的妓女也是昙花一现，她们承受着民间最无耻的凌辱和压迫。

但事实上，她们的品德并不像她们的工作那样龌龊下流，她们中的许多人，却能在大是大非的面前挺身而出。有的甚至敢于为国捐躯，比如北宋名妓李师师，在金兵破城后，不愿受到凌辱，甘愿自杀而死。也有些妓女使尽浑身解数帮人劫难，扶危济困。这不能不说，做义士并非要受到什么高等的教育，也并非要出身高贵，只要有一颗悲天悯人的心和一份真挚感人的情，就能成为一名千古传颂的义士。

复仇女神谢小娥

对于复仇，是一个经久不息的话题。莎士比亚的《王子复仇记》经久不衰，就是这个话题的深入探讨。

但，一个从不曾习武的弱女子，在一夜之间，手起刀落，斩杀了两个恶贯满盈的江湖大盗，自己却丝毫未损。这样的故事您相信吗？

这事乍一听似乎不大可能，可文弱纤秀的谢小娥却把它付诸了实施，支撑她的则全在于那满腔的深仇。

谢小娥是唐宪宗时期豫章（今南昌）富商谢全的独生女。谢全经常往来豫章与浔阳之间贩卖货物。浔阳也就是今天的九江，与豫章中间隔着水域辽阔的鄱阳湖，江河湖汉纵横交错，水上交通十分方便。

商人的货物都是从水路运送，所以江河上也有无数水盗出没，过往商客一般都带着大批随从保镖，但仍有遭劫遇险的。

谢全为人忠厚，经营有术，买卖做得十分兴隆，成了豫章城内有名的富户。因每次贩运货物数量都相当庞大，所以也是江湖大盗眼红的对象。

幸亏谢全从事谨慎，每次行船都带着很多随从，而且尽量在船多的港湾停泊，因此一直都没遇上大麻烦。

谢全妻子早丧，因夫妻情很深，所以也没再续娶，他的身边只有女儿谢小娥相伴。

小娥人长得娇小纤弱，性情娴雅贞静，因八岁失母，这孩子不太爱说话，不过她却在沉默中，养成了一种独立果敢的性格。

谢小娥是谢全的命根子，行船外出常把她带在身边。小娥十四岁时，嫁给了当时的侠士贾居贞为妻。贾居贞生性豪爽，尚武行侠，是一个受人称道的好青年，家中父母双亡，与小娥成亲后，小夫妻就住在谢家，当了上门女婿。

贾居贞凭着一身好武艺，常帮着岳父押运货物，一家人相敬相亲。

这一年春天，谢全一家带着十几名随从，从浔阳买了一船贵重的货物运往豫章，不料半路上遇上大雨狂风，耽搁了半天行程，没能按预定的时间到达港湾停歇，夜幕降临，月黑风高，船只只好泊在无人的江边。

夜深人静时，一群骠悍的水盗涌上了商船，刀叉飞舞，不用多久，奋起反抗的谢全与贾居贞都被强人所杀，十几个随从，死的死，落水的落水，无一幸存，随船的谢小娥听到厮杀声慌忙出舱，在一片混乱中，惊恐失措，失脚坠入水中。

也是谢小娥命不该绝，落水的她被江水冲到下流浅滩上，又被一渔船主救上，在渔家调养一段时间后，小娥逐渐复原，她这时也不知父亲和丈夫的下落如何。

在好心人的帮助下，谢小娥变卖了随身的首饰，辗转回到豫章家中，希望能在家中见到亲人。不料推门一看，家中空无一人，里面所有的财物竟也被抢掠一空，谢小娥猛觉得身子往下一坠，两眼一黑，不省人事。

等谢小娥悠悠醒转过来，只有自己孑然一身，徒对空空四壁，她猜到父亲与丈夫一定已遭水盗毒手，这世界上只剩下她一个孤苦零丁的弱女子了！顿时，她觉得生趣全无，想索性投江追随亲人而去。可她转念一想，自己若一死，那些杀亲仇人便可逍遥人世，无人追究。

反正是一死，不如留待此身，先设法报仇雪恨。想到这里，她银牙一咬，擦干了眼泪，用坚定的复仇信念支撑着自己站了起来。

柔弱而坚强的谢小娥从此踏上了艰辛而苍茫的复仇路。

但问题是要复仇，首先要知道仇人，可谢小娥心中没有一点线索，她不知从哪里查起。

她漫无目标地一路乞讨漫游，不知不觉地来到上元县妙果寺，寺内净悟老尼姑对这个女乞儿十分怜悯，把她收入寺中。谢小娥暂时有了一个栖身之地，在寺中，她天天烧香拜佛，虔诚地祈求神灵，希望神灵能告诉她仇人姓名。一天黄昏，她跪在佛前，沉入半梦半醒的状态，朦胧间听得有一细微却又清晰的声音传到耳中：“杀你父者，车中猴，门东草也；杀你夫者，禾中走，一日夫也。”谢小娥猛然惊醒，牢牢记住了这两句话。

小娥反复念叨着这两句话，却百思不得其解，但她坚信着神灵的指点。于是把这十二个字写在一个纸牌上，离开妙果寺，四处云游，只想遇上高人为她解开谜底。

她沿江东下，一路乞讨，历尽风霜坎坷，一直走到建业，也就是现在的南京，仍然没得到确切的答案。

元和八年春天，江西从事李公佐因公事来到建业，顺道到瓦官寺拜访僧友朋友，闲聊时，僧人告诉他：“前日有个江西来的乞女，手持十二字之谜到寺中求解，我等斟酌再三不得其要，倒真是个难题！”李公佐听了大感兴趣，他本是个热心又多智的官员，听到有此奇谜，当即向僧人问了那十二个字，就在僧房里低头思索起来。

他心想指画，沉吟半晌，猛然茅塞大开，悟出了其中含义。

于是，李公佐让僧人派寺中小厮到市中找来正在执字牌求解的谢小娥，对她说：“我已得出你的谜底，但你要说明原由，我才能告诉你。”

谢小娥听说有人已解出谜底，心中激动不已，立刻含泪诉说了自家的经历和十二字的来由，说罢叩头如捣蒜，泣不成声地肯求官人赐给谜底。

李公佐对眼前的小女子深表同情，当下仔细给小娥解释了这十二个字的含义：

杀你父亲的人名叫申蘭，杀你丈夫的则叫申春，因为“車中猴”，車字去掉上下各一横，就成了“申”字，而十二生肖中猴为申，所以这三个字就是“申”字；“門東草”，草下有門，門中有東，乃是“蘭”字；“禾中走”意为穿田而过，仍是“申”字；至于“一日夫”，“夫”字上加一横，下面再添“日”字，不就成了“春”字？这样，“申蘭”与“申春”的谜底就昭然若揭了！

李公佐分析得头头是道，谢小娥跪地再拜称谢，然后含泪离去。

于是，谢小娥又开始返回江西寻找仇人申蘭与申春的下落。为了行动方便，她索性女扮男装，打扮成一个为人帮工的小伙计，混在江湖谋事的人群中，一来便于打探消息，二来可以糊口谋生。

浔阳是当时长江中游的重要通商口岸，它南连庐山，北接长江，占据江湖之口，为东来西往的客商云集之地。谢小娥心想：“我应先在此地谋一落脚之地，以便从四通八达的商贩口中，探听一些仇家的线索。”

主意打定，谢小娥便在浔阳停留下来，天天在市面游荡，希望能受雇于某家客栈或商号，以便安顿下来再进行下一步计划。

这天路过桥头，小娥看到树干上贴着帖子，走近一看，是一家商号招帮佣的启示，再看署名，竟是小娥心中念过一万遍的两个字——申蘭，小娥只觉心中怒火顿起，于是循着招贴上的地址找到了那家商号。主人申蘭是个貌似慈蔼、身体微胖的中年人，但仔细察看，便可觉出他眼光机警而暗藏凶光。

小娥心中已认定眼前的就是杀父仇人，然而报仇时机未到，她必须先沉住气，谢小娥装作十分恭顺的模样上去求职，很快就被录用了。

进了申家商号，小娥工作十分卖力，紧紧追随着老板申蘭，逐渐得到申蘭的信任。因谢小娥知书识礼，做事又细心周到，申蘭便让她担任司账，整个商号的金银钱财，全由她经手。

当然，申蘭一直不知道谢小娥实为女儿身。

谢小娥忍着心中的痛楚和仇恨，为申蘭殷勤地经管账目，对申蘭也特别恭顺，使得申蘭对她越来越看重，甚至视为心腹。而每当小娥与其独处时，总是忍不住咬牙切齿，狠狠念着申蘭的名字，恨不得马上就把他剁为八块。

然而，凭着一个柔弱的女子，想要消灭仇人，必须寻找一个适当的机会，否则不但仇报不了，自己也会赔上性命。小娥天天瞪大着眼睛寻找机会，同时也暗中留意打听那个杀害丈夫的申春，她要双仇同报。

因申蘭认为谢小娥稳重可靠，又管理有方，所以不但让她管财，后来连装珍宝财物的秘库也交给她清点保管。

在秘库琳琅满目的宝藏中，谢小娥惊讶地发现许多的珠宝锦绣，原是她家旧物，见物伤情，她不由得悲泪暗洒，但她仍然强抑住感情，不动声色，以免申蘭起疑，误了报仇大计。

渐渐她发现申蘭经商的规律，往往是月初外出，月底归来，并不需带本钱和货物出去，归来时却带回大批金银财物交由谢小娥入账保

番挣扎，已看破人生的悲欢离合，无心再次塑造新的生活。

于是在一天夜里，谢小娥将家事全部交托给远房亲戚，自己剪下秀发，换一身褐袍，只身远赴牛头山，投到大士师尼门下，愿伴青灯古佛了此一生。

第二天，谢小娥受戒于泗州开元寺，以小娥为法号，后又转往善义寺，拜大德尼为师。有探知她情况的人纷纷往寺中进香，想借机一睹谢小娥的风采，而小娥闭目合十，绝口不谈往事。

在古代，女子报仇实为不易！因为在她们的身上只有柔弱，没有强悍。

蒲松龄在《聊斋志异·庚娘》一篇中描写的小女子庚娘手刃杀害自己公婆、丈夫的凶手王十八的故事，与谢小娥的故事颇有异曲同工之妙。

按说，妇人报仇，成功率应该极低才对，但是为什么却屡屡能够得手呢？倒是大男人见了冤仇抄起家伙就去拼命地往往会再赔上一条性命。

总而言之，报仇这种事需要勇气，但是更需要耐心。所以，中国古代有句话叫“君子报仇十年不晚”！在这点上，我只能说女人确实比男人更沉得住气。

我是红线女，侠盗的“祖师婆婆”

论起侠盗来，我们总会想到《水浒》里的时迁，《九龙杯》里的杨祥武，其实这些人要是看见这节要讲的女性来，都必须要跪下磕几个响头，喊一句“祖师婆婆”才行。

唐代宗建中二年夏末秋初的一个夜晚，一位身着墨绿色夜行衣的姑娘悄然来到魏州城，只身闯入壁垒森严的节度使府中，神不知鬼不觉地从老谋深算的节度使田承嗣床头，盗走了一个盛着节度使金印的宝盒，从而巧妙地制止了一场即将发生的战争。这件事流传开后，便演绎成“红线女魏城盗宝盒”的故事，武艺绝尘的盗盒姑娘红线女更被人们看成是似神似仙的侠女，她的名字传遍了北方民间。

追根究底，这个人人皆知的“红线女”之名实际是一个小小的错误，这姑娘名为“鸿现”，因发音与十分形象的“红线”读音相近，所以被叫成了“红线”。若再往根上找，“鸿现”也并非其原名，她的原名叫绿云！

绿云是唐朝安史之乱时期出生于沧州一位周姓官宦人家的小姐，

这姑娘从小生得聪颖伶俐、漂亮活泼，被父母视为掌上明珠。绿云五岁那年，周家来了一位化缘的老尼，这尼姑虽然容貌苍老，眼神却相当精灵，她一眼看中了正在院中嬉耍的小绿云，于是向周家请求要收绿云为徒，周家这么一个爱如至宝的千金，怎么会舍得送她出家为尼，当下就婉言拒绝了。老尼也不多啰嗦，就在转身出门的那一刹那，猛地伸手抱过了小绿云，还没等绿云父母反应过来，就风驰电掣一般离开了。临出门时只丢下一句：“老身决不会亏待令嫒！”话音未落，人已了无踪影。

这边绿云父母好不容易醒过神儿来，这不是遇上人贩子了吗？家人再组织家丁四下寻找，哪里还找得到？全家捶首顿足，悲哭不绝。

这尼姑当然不是什么人贩子，她是隐居梨山修道百年的妙空神尼，近一个世纪的勤修冥悟，练就了一身出神入化的武功，除精通各种拳道兵器外，尤以一身绝世的轻功见长。妙空神尼武艺高超绝伦。

不过，这武艺高强之人，脾气也古怪异常，她对选择授艺的徒弟特别挑剔，南来北往考察了几十年，却没有看中一人，一身稀世绝技眼看就没了传人。就在这时，她偶然在周家见到了绿云。

用周星驰在电影《功夫》里的台词说，这小姑娘骨骼惊奇，宜练妙空神尼创制的功法，而且目光机灵有神，悟性甚高，是个学武功的好苗子。既然是百年难逢的好苗子，妙空当然不会放过，不惜强行抢入山中。

在险峻奇秀的梨山深处，绿云随妙空神尼过着与世隔绝的苦修生活。妙空神尼将毕生所创武功倾囊相授，绿云除了练就一套变幻无穷、灵捷如风的“神女剑法”外，还将妙空神尼神奇的飞腾之术学得八九不离十，运起功来，身影飘忽飞旋，犹如惊鸿一现，因而妙空将其名改为“鸿现”。

春去春回，转眼间鸿现姑娘已在梨山中度过了十载光阴。青春妙龄的鸿现，在梨山清泉的滋润下，长得艳丽非凡，加上日日练功，身材尤为健美。虽然在山中无人教她情爱之事，然而豆蔻年华的少女谁又不会怀春？鸿现渐渐喜欢一人独坐静潭边，以潭水为镜，望着水中自己的芳容痴痴遐思，还经常用山花插在鬓旁妆扮自己。妙空神尼把鸿现禁锢在深山中修练，本意是让她断净凡间七情六欲，专心致力于本门武功，使本门功法进一步发展深化。却见鸿现有了思情举动，因而断定：“这丫头六根不净，尘缘未断。”既然如此，干脆顺其自然，放她下山去闯荡，也好有一番作为。

主意既定，在一个春意醉人的日子，妙空神尼带着十六岁的鸿现姑娘，来到潞州节度使薛嵩府中。见到薛嵩后，妙空也不多说什么，十分干脆地把鸿现推到薛嵩面前，嘱咐道：“你与此女有缘，善待她，日后必有用处。”话一说完，妙空转身就不见了身影。

当年抢人一句话就走，现在把人放到人间也是一句话就走，妙空神尼的古怪可见一斑。

薛篙早已了解有妙空神尼这么一位世外高人，向来与她无恩无仇，今天却凭白无故地送来一位妙龄少女，着实让他摸不准她葫芦里卖的什么药。既然神尼留言“善待她，日后必有用处”的话，薛嵩当然不敢怠慢；何况这少女也确实美艳可人，薛嵩就欣然接收了下来。他回头问少女叫什么名子，少女低声答道：“鸿现。”可薛嵩却把

“鸿现”误听成了“红线”，从此便“红线长、红线短”地叫开了，薛府里的人也都称她是“红线姑娘”，既然大家都习惯这么叫，鸿现也就懒得更正，鸿现从而就成了红线。

红线姑娘来历奇特，薛嵩当然不敢等闲视之。既然住进了薛府，就得在府中有个名分，做侍婢当然不成，做妾又太小，薛嵩本非拈花好色之徒，于是干脆把她收为义女，使红线姑娘在潞州城里有了个响当当的名分和地位——节度使的千金小姐。

遵照妙空师父的交代，在薛嵩面前，红线绝口不提梨山学艺之事，平日练功也是深夜里背着人进行。因此，薛嵩一直不知道身边这个美艳秀气的义女，竟然是一位身怀绝技，万人莫敌的奇女子！

做了节度使府中的小姐，当然就得接受大家闺秀的那套教育，薛嵩不惜重金聘请了高师，教授红线姑娘诗文、书画、音律、棋琴等课目。红线女虽然在深山中没有得到很高的启蒙教育，但毕竟有颖慧的天赋和极高的悟性，三年学习下来，不只是诗文娴熟，而且弹筝抚琴、书画棋艺上，都有了非凡的造诣。

镇边节度使薛嵩虽为武将，但并非一个莽撞武夫，他除了臂力过人、弓马娴熟外，还通晓音律，雅好翰墨，称得上是一员儒将。见到稚气未脱的红线女棋琴书画进步如此之快，心中十分高兴，闲暇时，常与她谈诗论文、切磋音律、花下对弈，或是静听她弹琴抚筝。聪明过人的红线女成了薛嵩生活中的“开心果”，父女之情也日渐深厚。

说到薛嵩的官职节度使，实际上就是守边大将，为了防御北方胡人侵犯中上，唐皇朝在沿边地区派驻了重兵，唐高宗时期，朝廷给这些地区的守将颁发了“节钺”，“节钺”也就是一种权柄的象征，以便于战事紧急时，守边将领能以“钦差大将”的身份调遣附近兵马，抵御外侮，因而人们就把这些持有“节钺”的守边大将称为节度使。

唐玄宗开元年间，重新调整边镇布置，使节度使权力越来越大，不但是各边区的军事指挥官，而且还统管该地区的行政、司法、经济，俨然是独霸一方的地方王。在这种大权独揽的情况下，唐玄宗晚年，管辖今天河北、山西、辽宁一带的节度使安禄山趁唐朝内地兵力空虚、政局混乱之机，起兵进军京都长安，薛嵩也成了安禄山的支持者。后来在唐肃宗的勉力号召下，各地勤王部队合力平息了变乱，安禄山死后、包括薛嵩在内的许多带兵大将归降了朝廷。限于朝廷的势力，这些降将没有受到惩罚，因为还必须借用他们手下的兵力镇守边关。

唐代宗继位后，为了安抚广大的关东（华北平原）地区，将这里划分成五大势力范围，分别安置甩不掉的安史之乱降将薛嵩、田承嗣、张忠志、李怀仙及侯希夷。实际上在安史之乱余波震荡下，这五支兵马一直没有消停过，他们一直互相争夺攻伐，谁看谁都不顺眼。

五位大将中的薛嵩与田承嗣，一向关系较为密切，以往曾多次并肩作战，同生死、共患难，而且两个家族间还互通婚姻，建立了亲家关系。如今按朝廷的划分，田承嗣辖有魏博五州，大约是今天的河北省东部及山东省西北部一带，将府则定驻魏城，也就是今日的河北大名。而薛嵩的辖区则遍及山东省南部及河南省北部一带，将府定驻潞州，即今日的河南安阳。双方地境相接，成为邻邦。

但两相比较，薛嵩的辖区土地肥沃，气候温和，物产丰富，田承嗣的管区，远远不及。

田承嗣看在眼里，心生贪念；于是不惜横征暴敛，招兵买马，充实战备，加紧操练，准备在秋凉之后，起兵攻打潞州，在利益面前，他早把旧日交情尽抛脑后。

薛嵩这边打探到消息，心中十分焦急。倒不是薛嵩的兵力不足以抵挡田承嗣部，他焦虑的主要是安史之乱方息，饱受战乱之苦的百姓刚刚喘过气来重整家园，如果又行交战，眼看两镇的安定与繁荣又将毁于一旦。一向崇尚文治的薛嵩一边加紧战备，一边却不免长吁短叹，忧心忡忡。

平日里很能逗义父开心的红线女见薛嵩整日愁眉不展，无心言笑，就拿出新作的诗文给义父过目，薛嵩表现出一副心不在焉的淡漠态度。她在月下为义父抚琴弄曲，薛嵩也根本没有平日里那种陶醉在琴音里的模样。红线女见状也不免心事重重，她心想："义父深恩厚德，平日里待自己如同亲生女儿，如今也该是自己挺身而出，为父分忧的时候了！"

别看红线女平日里一副天真烂漫的样子，其实她对本镇时势早已暗察在心，深知义父为何而愁。红线女试着向义父探询道："风闻田家兵马将于秋后前来攻打潞州，是吗？"薛嵩站起身来，面露不悦，苦笑着说："此乃军国大事，不是你们女儿家所能操持的，还是不必为我操心！"

红线女闻言不再说什么，纵身一跃，飞上了自己的绣阁，转眼工夫，只见她穿一身墨绿色紧身夜行装，腰插一支龙纹匕首，手执一柄青霜宝剑，飘然由楼上飞跃而下，神情肃穆地对薛嵩道："今夜将往魏城一探究竟，此去必可挫彼锐气，或能化解一场浩劫！"说完，还没等惊得口瞪目呆的薛嵩有所反应，转眼间就腾身而去。

就在月圆星稀，冷露无声的夜晚，红线女施展"嫦娥奔月"的飞腾绝技，更鼓声声中，越墙深入护兵把持极严的魏城节度使府中。用点穴之技劫持了一名护兵，问明田承嗣的住所，然后点了那护兵的哑穴把他绑了丢在花丛中。红线女随即悄无声息地跃上田承嗣卧房屋顶，揭开屋瓦，像燕子一般飘落在田承嗣的卧榻旁，烛影摇红，罗帐内田承嗣正鼾声大作，枕边端端正正地放着一只锦盒。红线女轻轻掀开罗帐一角，探手取出锦盒，转身照原路跃出田府，运起神行轻功，返回了潞州。

这边潞州城内的薛嵩是整夜没合一下眼睛，晨光初露，红线女面带红晕地走进薛嵩书房中，喜滋滋地把上述锦盒递到薛嵩手上。

薛嵩小心翼翼地接过来细看，这是一只雕琢精美的乌檀木盒子，打开一看，里面有田承嗣官印一方，以及两颗硕大的夜明珠和田承嗣的生辰八字与平安符。薛嵩惊呼道："红儿啊！这不是田承嗣的命根子吗？你是怎么弄来的？怕是此刻已把他急疯了呢！"

话说田承嗣一早起来发觉自己的宝盒不见了，又气又急，一连杀了几个值夜的护兵。气愤之余，他又觉十分的惊惧，既然能有人在他枕畔取出宝盒，那么要取他的脑袋也决非难事啊！

田府内攘攘扰扰闹到上灯时分，门外传报："潞州薛大人遣差官有密事面陈！"命差官进来后，差官呈上锦盒及书信一封。田承嗣见到宝盒已惊吓出一身冷汗，展信细读，上书："昨夜有客探帅府，自亲家翁枕边取走一锦盒，知系君家贵重之物，为免悬念，特派专使奉还。"

"薛嵩身边竟有如此高人！"这样一想，田承嗣就不再敢打攻取潞州的主意了，一场势在必发的战争，就被红线女这么轻轻地一拨，拨得烟消云散，两镇的百姓确实得以免却了一场浩劫。

这件事慢慢传到了朝廷，田承嗣仗势不羁，原本是连朝廷的账都不买的，既然薛嵩能把他治得服服帖帖，唐室就索性封薛嵩为平阳郡主，让他来牵制住田承嗣。还真的管用，说透了，田承嗣真正怕的还是小小的红线女呢！

古代这些侠盗们，都爱偷比较高难度的东西，来标榜自己的轻功绝伦，有的甚至能把皇帝的东西偷出来，然后炫耀一番。

但是这些所谓的侠盗不会有红线女这样高尚的节操，因为她偷盗不是为了炫技，更不是为了财富，而是真正的为国为民，为了和平而做出了努力。

大唐的红线女是侠盗的祖师婆婆，是人们敬仰的对象。所以，只有为国为民，偷不义，换百姓之太平的盗贼，方可称作侠盗。

第五章
CHAPTER5

“伪义士”黄巢

黄巢其人
机会来了
骷髅塔
屠戮公卿
去哪里搞军粮?

>>>

“不要迷恋哥，哥只是个传说”，这句现在十分流行的网络语言，非常适合唐末农民起义军领袖黄巢。

疯狂迷恋黄巢的人中就有北宋末年农民起义的领袖宋江。《水浒传》中记录了宋江那首非常有名的反诗：“他日若得凌云志，敢笑黄巢不丈夫。”

很多人被宋江这句话，感动了好久，激动了好久，但是他们不知道，宋江此诗并非赞扬黄巢为民请命，替天行道的义行，而是在崇拜黄巢曾经杀人无数，而且杀人的方法是那么的残忍。

宋江和他的兄弟非常忠实地做了黄巢的Fans，在《水浒传》的篇章中，我们多能看到这些所谓的正义英雄动辄就杀人全家，甚至屠城屠庄的行径。

我只能这么说，黄巢并非我们口口相传的义士，历史上的黄巢是一个甲级战犯，宋江无耻的样子颇有黄巢当年的风范。

黄巢其人

中国历史上真是到了活不下去才起义，后来又能够善待百姓，善始善终的人只有一个，那就是明朝的创始人朱元璋。

其他的所谓农民军起义领袖，穷苦出身的多无朱元璋的见识，有见识的却无朱元璋对于人民的那种朴素的感情。

黄巢属于后者。

黄巢，曹州冤句（今山东曹县西北）人，出身于一个世代贩卖私盐的家庭。要特别说明的是黄巢家中并不穷，而且可以称得上是小资。

《新唐书》上说他："世鬻盐，富于赀。"

因为家族里干的就是犯法的买卖，所以黄巢家族实际是很有黑社会背景的，而且江湖地位比较显赫。黄巢自己，因为常要出去和那些不要命的盐贩打交道，还要时常和官府动刀子，所以黄巢的武功是很过硬的，弓刀马箭是样样精通。（《新唐书》："善击剑骑射。"）

黄巢不仅武艺好，也颇爱读书。

黄巢很想把自己黑社会这个污点洗干净，而转作仕途，做个白道

黄巢

的人。所以他曾几次应试进士科，但是考完才发现，自己赖以自豪的那点文采，不足以为自己博得功名。

黄巢科第失败后，没有在自己身上来找原因，而是把这种心有不甘转化成了一种对唐王朝的愤怒，我黄巢文武双全，难道没有资格在你这里混上个一官半职吗？

此时，黄巢的一种报复的心理油然而生。他难以排解心中的郁闷，提笔写下一首名篇，被记录在了《全唐诗》中，而这首诗在一千多年后，还被大导演张艺谋引用了一次，大大忽悠了一把观众。

待到秋来九月八，我花开后百花杀。
冲天香阵透长安，满城尽带黄金甲。
——黄巢《不第后赋菊》

其实，人们并不知道，在黄巢写下这首诗篇之后，一个人已经彻底地转变了，他走到了人生的另一个极端中去，他要为报复而活着，为了证明自己的价值而活着。

要让别人知道，我黄巢也能成功。

当然，要成功就要不惜一切。

机会来了

一个人对于自己的追求总要有动力，黄巢有了。但是想要达到自己的目标还要有机会，很幸运黄巢很快也等到了。

唐僖宗乾符元年（公元874年），当时的唐朝藩镇割据，战事不断，百姓的生活越来越苦。

一般的情况下，爆发大规模农民起义的条件有两个，一个是政治黑暗，民不聊生，另一个是碰上了百年一遇的大灾。

而唐僖宗两个条件都遇上了，全国范围内爆发了大旱灾，河南省受灾最重。所以在河南出现了一位牛人，这就是王仙芝。

公元875年，以王仙芝等为首的上千人，于长垣揭竿而起。很快王仙芝等攻陷了濮州（今河南范县）、曹州，并击败了前来镇压的官军。

当时待在曹州家中非常郁闷的黄巢，看到了王仙芝的作为，兴奋极了。（《新唐书》：“巢喜乱。”）

乱世出英雄，这是无数“有志”青年心中的口号。

黄巢无数次地乞求上苍给自己一个机会来证明自己的能力，现在机会就摆在了他的眼前。

胆壮吃个够，胆小吃不着。

黄巢立即把族中的兄弟子侄召集来商量，结果大家一致赞成参加起义军，捞点实惠的。

唐末起义从此变了味道，因为黄巢等人根本不是什么要饿死的饥民，相反他们有吃有喝非常快活，其实这场起义只是他们的一次投机而已。

黄巢与族兄弟子侄黄存、黄揆、黄思邺及外甥林言等八人聚众数千人，响应王仙芝，各地饥饿的农民争先加入起义军。数月之后，这支起义军已经达到了数万人。

起义军声势浩大，唐朝政府非常恐惧，诏令五路节度使出击义军。乾符三年（公元876年）七月，天平节度使宋威在沂州（今山东临沂）城下击败了义军，宋威失误，认为王仙芝被打死了（实际跑了），所以奏报贼乱已平。几路节度使就这样撤退了。

这给了王仙芝、黄巢一个难得的喘息机会。

王仙芝、黄巢利用这一有利时机，经过短暂休整之后，便转战河南，迅速攻占了阳翟（今河南禹县）、郏城（今河南郏县）等八县之地。接着，农民军又攻陷了汝州（今河南临汝），王仙芝杀其守将，汝州刺史也被迫逃走了，王仙芝、黄巢的声威大振，连洛阳都被震动了，这里的官员纷纷逃跑了。

请大家注意，从此处开始，因为占领了大城市，这些所谓的起义军已经有了底气，这场战争逐渐变了味道。

王仙芝、黄巢又攻破了阳武，胃口一下子大了起来。他们的下一个目标是郑州。

可是，郑州可不是这么容易打的，这里城墙高，兵马强。王仙芝和黄巢围攻了几个月都没有打下来郑州，这时候一个比较要命的问题来了，那就是粮食问题。

此时，这支农民军的本性开始显现出来，在郑州以东的诸多州县，都非常害怕起义军，因为打不破郑州，王仙芝和黄巢的手下开始纵兵抢掠。

从此，这支起义军也干起了杀人、放火的勾当，他们有多残忍呢？

《新唐书》用一句话描述了当时的情形："残郢、复二州，所过焚剽，生人几尽。"

这两个州县的百姓，基本上被屠戮殆尽，而这样的杀戮并不是个案，在日后，这场战争中，所谓的起义军已经变成了屠戮无辜百姓的巨大杀人工具。

在久攻不克郑州的情况下，王仙芝和黄巢开始转变战略，把战线南移，接连进攻申、光、庐、寿、舒、通州等地，逼近扬州，淮南节度使多次向朝廷告急。

唐朝面对巨大的压力，开始使出了杀手锏，招安。

王仙芝动心了，朝廷能给自己官做，实在是不白大闹了一场。黄巢本来也想接受招安，因为，怎么说自己的目的达到了，当年考上了科举也就不过如此。可是当黄巢看到了那份封官的名单时，勃然大怒，恨得牙根痒痒，因为那上面只有王仙芝的名字，却没有自己的。（《新唐书》：“巢恨赏不及己。”）

他恨的不是别的，原来朝廷只知道有个王仙芝，却不知道，我黄巢也是号人物。

黄巢开始质问王仙芝：“君降，独得官，五千众且奈何？丐我兵，无留。”然后，黄巢举起了拳头重重地打在了王仙芝的脸上。

本来可以平息的战争在黄巢的一句话和这一拳下，没能成功。

王仙芝害怕犯了众怒，所以没敢接受朝廷的官职。

此时的黄巢认清了一个道理，再也不能跟着王仙芝混了，当马仔没有啥前途。所以此时黄巢拉出了自己的嫡系部队，自己开始单独跟朝廷做对了。

当然黄巢和王仙芝的合作还是比较亲密的，两个人分分合合打了很多仗。但是，王仙芝的心又动摇了，因为朝廷又对他抛来了橄榄枝，王仙芝身边这次可没有了麻烦的黄巢，所以非常欣然地接受了官职。

可是这次朝廷可没这么宽容，招安是假的，是障眼法，趁着王仙芝放松警惕之际，官军偷袭了王仙芝，王仙芝知道上当了大怒，遂进兵荆南，不久在黄梅兵败战死，手下五万余人被斩首。

王仙芝手下的残余势力大部分归于了黄巢。从此，黄巢总算有了出头之日，走进了历史的中心舞台，属于他的时代开始了。

骷髅塔

纵观史书，从《旧唐书》、《新唐书》再到后来的《资治通鉴》，没有一本书说过黄巢一句好话，因为这个人确实没有好的地方。

在人品上，他从不坚定，时不时地就像唐朝乞降，几乎一年一次，而当唐朝为他开出不错的价码后，他又公然反悔。

在他的心里，有王仙芝的例子在前，所以他不敢放下手中的武器。他只能通过乞降的方式来为他的下一步赢取充裕的准备时间。

黄巢已经洞悉了当时的形势，北方虽然遭遇旱灾，但是北方人素来民风彪悍，士兵也颇为勇敢。所以在河南一带活动，并不会有多大的益处，所以他把目标定在了南方。

说干就干，黄巢率军南下与王仙芝旧部王重隐会合，接连攻下了虔、吉、饶、信等州。八月，黄巢军进攻宣州，在南陵为官军所败，于是又进入浙东，经婺州至衢州（浙江），然后披荆斩棘，开山路七百里，攻入福建。

福建的大城市福州危在旦夕，此时，黄巢军中，流传了一个口号，那就是“逢儒则肉，师必覆”，意思是说遇到儒者则杀，军队必然要覆灭。

乾符六年（公元879年）三月，福州观察使韦岫战不胜，弃城而逃。

黄巢军队，冲进了福州，这支军队再也不是我们教科书里那支为了自己的生存而抗争的军队了，而是变成了一支野兽军团，见人就杀，见房子就烧，情景恐怖之极。

他们唯一放过的是崇文馆校书郎黄璞家，因为这些人虽然好杀，但却比较迷信，他们害怕杀了大儒，会遭到灭顶之灾的报应。

黄巢占领福州后，又开始向南运动，包围了广州。

在此期间，黄巢曾致书浙东观察使崔璆、岭南东道节度使李迢，要求朝廷封自己为天平节度使。二人惧怕黄巢威势，极力申奏，但朝廷不许，黄巢不甘心又自己上书，求为广州节度使，朝廷这次只授予了他府率的官职。

黄巢一辈子最恨别人看不起自己，老子要说都是当皇上的料，找你要个节度使都不行，好吧，那我就把广州攻下来给你们看看。

同年九月，广州失守。

因为唐朝，并不像后来明清那样闭关锁国，所以像广州这样濒临南海的港口城市，有着非常多的跨国商人和外国传教士。

黄巢攻陷广州后，发现这是一个不同于中原的世界，这里再也不是什么蛮荒之地，这里充满了富庶，且有着外夷文化的冲击，各种宗教更是在这个城市中，交互错杂。

黄巢连番血战，粮草早已殆尽。所以，又一番新的抢掠开始了，黄巢军见人就杀，看到值钱的就抢来，不值钱的便一把火烧掉。

而各国在广州的教会，也没有幸免。回教、基督教、犹太教皆被黄巢视为邪教，黄巢命令将成千上万的教徒统统杀死，也就是说在广州城内，除非你信奉儒学，有其他信仰的人一律杀光，无论国籍。

当黄巢的军队到达了广州的港口后，黄巢傻眼了，因为大批的外国商船停靠于此，船上的货物不计其数。还有很多是唐朝要出使外国的商船，这些船上也装着中国最好的特产。

黄巢立即下令，把这些商船上的货物全部收缴充当军费。可以说黄巢是大大发了一笔横财，可是码头的水手和各国的商人们却遭了殃。黄巢下令无论他们反抗与否，都全部杀死。

一时间，广州码头的尸体堆积如山，海水都被染成了红色。

据某些学者推测，广州屠城，保守估计有十二万人被杀，其中包括回教徒、基督教徒、犹太人及平民。

这件事情造成了极坏的国际影响，唐僖宗听闻大怒，一向自由、开放、和平的唐王朝形象遭到了极大的破坏。

唐僖宗此时恨透了黄巢，从太宗皇帝到现在，唐朝威仪一直广播世界，但是这时却发生了这样的事情。唐僖宗已经下定决心，一定要除掉黄巢这个败类。

黄巢率军离开广州，向西北进发，攻取了桂州（今广西桂林），恰遇湘江水暴涨，黄巢军便乘数十只大木筏顺流而下，经永州（今湖南零陵）、衡州（今湖南衡阳），攻占了潭州（今湖南长沙）。之后，又转而进攻饶、信、池、宣、歙、杭等十五州。这时黄巢军又得以发展，黄巢军此时的人数已经达到了二十万人。

唐僖宗此时派出了淮南节度使高骈，来攻打黄巢。广明元年（公元880年）三月，高骈遣其猛将张璘渡江南下。

不可一世的黄巢终于遇到了可与之抗衡的宿敌，黄巢且战且败，退守饶州（今江西波阳）。张璘又乘胜进军，黄巢无奈退守信州（今江西上饶）。

此时，各地节度使的援军已经赶到，眼看着黄巢的军队就会土崩瓦解，彻底烟消云散。可是此时黄巢又使出了无耻的伎俩，第一是贿赂，第二是“投降”。

贿赂当然是真的，但是投降是假的。张璘和高骈减慢了进攻的速度，缓了缓节奏。这给了黄巢一个难得的喘息机会，黄巢利用这个空隙迅速北渡淮河。然后偷袭张璘部，张璘战死。

此时，各路节度使都已经以为黄巢被高骈所灭，也已散去。听闻黄巢又死灰复燃，再来围剿已无可能，而且各藩镇之间也存在着极大的矛盾，所以都不愿再来和黄巢较量。

黄巢正是抓住了这一个机会，把下一个进攻的目标定在唐朝的东都洛阳。

这时朝廷乱作一团，大宦官田令孜自请率两神策军弓弩手去守潼关，更多人则认为黄巢军拥有六十万之众，潼关又无重兵，难以坚守。

潼关是首都长安的大门，一旦失守，长安城必然不保。唐僖宗衡量利弊，还是决定让田令孜率兵东守潼关，以保护长安城。

十一月十七日，黄巢大军进抵洛阳城下，唐将齐克让退守潼关，东都留守刘允章则率众出城迎接黄巢入城，洛阳失守。

黄巢军进占洛阳不几日，即向关中挺进。

当黄巢走到潼关时，面对潼关上早已吓得发抖的军士，黄巢心中无限的得意："吾道淮南，逐高骈如鼠走穴，尔无拒我！"

连高骈这样的猛人都怕了我，你们这帮鼠辈还要在这抵挡我的大军吗？这是黄巢一生中说的最有底气，也最有气概的一句话，此时他心中所受的委屈，全部在这一刻得到了巨大的释放。

潼关之上的士兵都是神策军，这本来是一支由长安豪富子弟组成的军队，他们只是为了厚得供给和赏赐才贿赂宦官挂名军籍的，平日高车大马，悠然自得，未尝经历战阵。

听说出征，吓得他们抱头痛哭，为了逃避战事，他们以金帛雇商贩与贫民代自己去镇守潼关。

黄巢军奋力攻关，而黄巢的谋士尚让又从关旁谷中小道迂回到关后，前后夹攻，官军溃退，潼关失守。

长安城此时就在黄巢的眼前，“冲天香阵透长安，满城尽带黄金甲”，黄巢多年的夙愿就要实现了，这怎能让黄巢不激动呢。

冷静、一定要冷静，让天下人都知道我黄巢，我的存在是因为我是这个世界上最有能力的人。

黄巢朝着苍天一遍一遍地重复着自己的心声。

屠戮公卿

从潼关退下来的乱军一下子涌进了长安城，唐僖宗知道长安再也无险可守，在田令孜神策军的护卫下，狼狈逃往成都避难，唐僖宗是秘密逃走的，是为了迷惑黄巢，让其不必快速进攻。而还在长安的文武百官及诸王、嫔妃全部被皇帝抛弃。

金吾大将军张直方与群臣没有办法，只能接受现实，向黄巢投降。黄巢不费一兵一卒便占领了这座古都。

此时的黄巢已经无法形容他的心情，面对城楼周围来围观的民众，黄巢把多年抢劫来的金钱抛给了他们。

去抢吧，黄巢看着穷苦的民众，伏在地上来抢他扔下的财物，心里无比痛快。

黄巢进入长安春明门后，升座太极殿，宫女数千迎拜，黄巢此时已经自称为黄王了。

而此时，尚让向民众们喊了一句话："黄王起兵，本为百姓。"

这句被无数现代历史书引用的名句，很快就被历史无情地证明，它是中国历史上最虚伪的谎言。

只过了几天，黄巢的军队就露出了本相。

他们开始挨家挨户地上门索取财物，美其名曰：“淘物。”

后来，事件开始升级，穷人的家里已经榨不出什么来了，所以富人的家里便成了重灾区，富人官吏的家中妻子女儿，被黄巢军任意强奸凌辱。

如果是当官的被黄巢的军队逮到，全部杀头，其宅邸也被没收。宰相豆卢瑑、崔沆及左仆射于琮、右仆射刘邺、太子少师裴谂等藏匿民间，被义军搜出后全部被杀，库部郎中郑綦拒不投降举家自杀。投降黄巢的左金吾大将军张直方因匿公卿于夹壁墙中，事发后被杀。

而大唐的宗室皇亲们，毫无例外，被全部灭族。驸马都尉于琮拒不投降说道：“吾唐室大臣，决不能侍奉黄巢你这个奸贼。”黄巢大怒，斩杀了于琮。于琮的夫人广德公主看见丈夫被杀大骂黄巢，并告知黄巢我是天子的女儿，愿意和相公同死。广德公主与丈夫同一天遇害。

韦庄的诗《秦妇吟》，真实地记录了当时的场景：“华轩绣毂皆销散，甲第朱门无一半……内库烧为锦绣灰，天街踏尽公卿骨。”

一切的一切，都源于黄巢那种报复的心理，在他的心里，这些人伤害了他的自尊，为什么你们可以待在国家的政治中心，荣华富贵，而我却不能。

我现在站在了这里，你们每个人都看到了，我不比你们差多少。

去哪里搞军粮?

广明元年（公元881年）十二月十三日，黄巢称帝，建立了大齐政权。

黄巢在长安当上了天子，而生活却越发淫荡和奢侈了。这种未得天下就沾沾自喜的做法，就代表了一种流氓无产阶级的本质，因为他们根本就没有把天下和人民作为自己的首要任务，一旦他们达到了目标，获得了一些成绩，他们的心就开始满足。

从这点上来看，黄巢、李自成包括后来的洪秀全之流都和朱元璋这样的彻底的农民起义者相差太远了。

因为黄巢的奢靡腐化，长安有人题诗讥讽，黄巢大怒下令彻查此事，可是怎么查也查不出个结果来，黄巢再也不遵守攻占福州、广州时那个不杀儒生的偈语，索性把长安城中三千多无辜的儒生都砍了头。

就在黄巢正在长安养尊处优的时候，一个重大打击来了，各路藩镇在各地连连痛击黄巢军。

黄巢连年的挥霍，让他在各地抢掠的财物，很快就消耗殆尽，当然这还不是最要命的问题。

黄巢军队入主长安后，并没有召集百姓，开垦荒地，而是坐吃山空。没有两年，黄巢渐渐发现十万大军在长安城内人吃马喂，粮食早就入不敷出。军粮变成了黄巢此时的最大危机。

可是此时，长安周围，无论百姓还是地主，早就被黄巢的军队搜了个底，他们全都没有余粮了。

怎么办?

黄巢只能采取权宜之计，这项计策的实施，把那句“黄王起兵，本为百姓”的言语击得粉碎。

人吃人，黄巢军队开始抓长安附近的百姓，这些人变成了黄巢军队的口中之食。

无辜的百姓被杀充当军粮，虽然黄巢这事做得极为隐秘，但是没有不透风的墙，这件事还是被传得沸沸扬扬，在这场浩劫中百姓们终于认清了黄巢的真面目。

公元882年，王处存与当时各路官军打败了尚让的大军，进逼京师，黄巢大慌，丢下了一切，开始逃跑，可是并没有跑远。

城中的百姓见这个杀人魔王终于被赶走了，都欢呼雀跃，对官军夹道欢迎。

王处存犯了经验主义的错误，认为黄巢已经跑远了，不可能再回来，所以睡得很安稳，没想到当天夜里，黄巢就组织了反击，把王处存又赶出了长安。长安城再度易主。

当黄巢再次坐在皇帝宝座的时候，他的自尊心无法容忍这些背弃他，而支持官军的百姓。你们为什么看不起我呢？我难道要比李氏差吗？

好吧，既然你们不愿意看到我，那我也不想看到你们。

黄巢下令，屠城。

在这次大屠杀中，长安城所有的男性公民基本上全部被杀，长安街道，血流成河。（《旧唐书》："贼怒坊市百姓迎王师，乃下令洗城，丈夫丁壮，杀戮殆尽，流血成渠。"）当时尸体基本上把路都堵死了，连个下脚的地方都没有。（《新唐书》："备流于路可涉也。"）

而《新唐书》也记载了这场屠杀中的死亡数字，超过八万人。而这八万人都是手无寸铁的无辜平民。

就当黄巢屠杀长安城的百姓时，一个坏消息也来了，他派出去攻打邓州的大将朱温投降唐朝了，不是诈降，而是真的投降了。

而此时，一个黄巢命运中的克星也走到了历史的前台，李克用，沙陀人。

这个人基本上可以说是决定了五代十国甚至是后来大宋朝及契丹等少数民族走向的人，他和他的儿子可以称得上是中国历史上少有的战神。

当然，这篇文章不是说李克用的，大家只知道李克用是当时名义上的唐朝将军就行了，他的沙陀军算是唐朝的一支雇佣军。

沙陀军来了多少人呢？不多，只有一万。

而黄巢军驻扎在长安附近的就有十万人，还有几万人游走在长安周围的地区。可是就是这样十比一的比例，竟然是沙陀人大获全胜，李克用不费吹灰之力就杀进了长安城。

黄巢这次体会了一把什么叫人比人气死人，一个强大的人物终于站在了自己的眼前，之前虽然黄巢也有失败，但是他没有灰心过，他依然可以站起来继续战斗下去。而这次不同了，长安的丢失让黄巢彻底心灰意懒，终于他对自己产生了怀疑，这还是那个自命不凡，“我花开尽百花杀”的黄巢吗？

失落感瞬间让黄巢变得歇斯底里起来，在他的眼前再也没有目标和任何的规划，他的一切梦想已经在长安城被李克用击得粉碎了。

黄巢的军队瞎驴撞槽一样，又回到了他起兵的河南，当然这里早就不是他的了。

很快他将迎来他命运的最后的那个地点，也是他人生的污点被涂抹得最大的那一处地方——陈州。

陈州就是今天的河南淮阳，黄巢派自己的心腹爱将孟楷对它展开了攻击。陈州刺史赵犨可不白给，他早就在陈州周围设下了埋伏，一举袭击了孟楷所部。

孟楷被俘、被杀，其军队大败而回。这个人的死给了黄巢又一次重大的打击，因为这是黄巢最为倚重，也是唯一可以倚重的大将了。

孟楷的死，让黄巢彻底愤怒，他纠集了唐朝的降将秦宗权合兵围攻陈州。

陈州这一被围就是百日，此时双方都在苦苦地挣扎，因为无论是陈州城里还是城外，都面临着一个问题，那就是缺粮。

没粮食吃怎么办？把能吃的都吃了。

能吃的都吃了，还饿怎么办？没办法，吃人。

可是人也是有限的。

赵犨没粮食了，就派人出来征粮，百姓早就没有粮食了。《新唐书》记载：指乡聚曰："啖其人，可饱吾众。"官军追蹑，获盐尸数十车。

官军出来运回十车尸体回去吃。

黄巢发现了这个问题，一个彻底疯狂的人是什么都干得出来的，他怕官军将这些"粮食"都抢光了，竟然下达了一个令人作呕的命令。

《旧唐书》："贼围陈郡百日，关东仍岁无耕稼，人饿倚墙壁间，贼俘人而食，日杀数千。贼有舂磨砦，为巨碓数百，生纳人于臼碎之，合骨而食，其流毒若是。"

开始黄巢的军队饿的是不行了，全都靠在墙上，毫无力气，见到活人就把他们先杀了，然后吃掉，这样被害的百姓，一天竟然达到了数千人。

后来因为赵犨的官军也来这里抢人，黄巢干脆就打了个提前量，把这些活人都变成便携食品得了，不用这么麻烦了。

黄巢下令制造了数百巨碓，同时开工，陈州周围瞬间变为了大型的肉联厂（史称捣磨寨）。大批活生生的乡民、俘虏，无论男女，不分老幼，悉数纳入巨舂，顷刻磨成肉糜。

后来因为粮食越来越紧张，肉联厂甚至连先前的那些剔骨抽肠的前期准备都省了，把活人就扔进巨舂中，人的内脏和骨头都搅在一起，做成肉酱以供黄巢军食用。（《旧唐书》：“生纳人于臼碎之，合骨而食。”）

如果各位读者看到这里想去吐，请自便。

河南、许、汝、唐、邓、孟、郑、汴、曹、徐、兖等数十州的百姓，除了陈州（赵犨守卫）和汴州（黄巢的叛将朱温守卫）外，基本上被黄巢吃光了。据保守统计，当时被黄巢军吃掉的人数，超过三十万。

此时，大家的心情不知道如何，别说大家，就连我自己敲击键盘时，手也是瑟瑟发抖，恶心了好几回。

善恶到头终有报，黄巢的命运也在这次骇人听闻的事件之后被划上了休止符。

在黄巢围攻陈州时，唐朝不断调动军队，以围剿黄巢军。李克用又来了，已经是唐朝河东节度使的李克用亲率蕃、汉兵五万前来增援。

黄巢见官军四面围来，只得从陈州撤军，而天公这时也似乎不再给这位魔王任何逃生的机会。

五月，天降大雨，而且一下就是几天，平地水深达到了三尺，黄巢的军营让水给灌了。

当黄巢军从中牟（今河南中牟）北汴河王满渡口渡河时，李克用击其半渡，黄巢军大败，死伤万余人。

最令黄巢郁闷的还不只是这件事情，最郁闷的要数，黄巢最铁杆兄弟尚让，也就是向百姓们大喊“黄王起兵，本为百姓”的那位仁兄，竟然在此时投降了唐朝。

黄巢率残兵败将向东北逃去，李克用又追杀到封丘（今河南封丘）。这时天又下起了大雨，黄巢军行动速度有慢有快，迅速脱节，黄巢只带亲兵近千人，冒雨东奔兖州。

而命运不会再给这位魔王任何的机会，六月十五日，武宁将李师悦与尚让追至瑕丘（今山东兖州），黄巢与唐军打了最后一场仗，结果是他身边最后的那点亲信也彻底报销了。

此时，谁都知道一句话，那就是大势已去，包括和黄巢一起起兵的人。

黄巢的外甥林言走至泰山狼虎谷的襄王村（今山东莱芜西南），突然对黄巢举起了屠刀，黄巢早就精疲力竭，虽然武功高强，却再无反抗之力。

一道寒光，黄巢已经身首异处。

中国历史上一个罕见的嗜杀狂，走完了他罪恶的一生。

林言又将黄巢的兄弟和妻子尽数杀死，并提着黄巢等人的人头向唐朝军队乞降。可是不巧，迎面碰到了沙陀人，可能是因为语言不通吧，沙陀人没有理解林言的意思，把这位小丑型的人物也杀了了事，然后多提了一颗人头献给了当时的前线指挥时溥。

一切都结束了，白寿彝先生的《中国通史》是这样记述黄巢这个人物的。

> 黄巢从揭竿而起至失败身亡，历时十年之久。他的活动北起山东，南至广东，西至陕西，转战南北，纵横全国十二省，推动了各地的农民斗争，沉重地打击了唐朝的腐朽统治。黄巢打着“天补平均大将军”的旗帜，表明了农民朴素的平均主义思想，这对后世的农民战争具有深远的影响。

我要说这段记载完全是歪曲的，在任何史书上，黄巢都是一个比唐朝政府更坏的人，其残忍、暴虐和狡诈，都让人感到浑身的不自在，就是在一千多年后的今天，当我们重温黄巢起义这段历史的时候，仍然是抱着那种鄙视且战战兢兢的态度去的。因为他的所作所为，无论怎么说，都让人感到恐惧。

义士，并非是打着百姓，天下太平的旗号去做伤害百姓的事！能够称作义士的人，不是看你说什么，唱的什么高调，而是看你能做多少能够利国利民的事。黄巢在这一点上，只能说他是个嘴把式，提出了“黄王起兵，本为百姓”这样的慷慨激昂的陈词，最终也变成了一句“屁话”。

飒飒西风满院栽，蕊寒香冷蝶难来。
他年我若为青帝，报与桃花一处开。

这是被记录在《全唐诗》中的一首黄巢的诗，我们最后只能记住，黄巢并非义士，而是个杀人狂。

黄巢的过分杀戮，是由于他自己的怀才不遇，却又十分想出人头地的心理所致。

其实很多知识分子，在骨子里既有那种“万般皆下品，唯有读书高”的高傲，也有那种屡试不第的自卑。再加上社会两极分化和不公平的分配制度，这就很容易引起基层知识分子阶层的不满。他的学问没我好，却待在了国家的重要位置上，比我挣钱多，比我受人尊重，连老婆都比我的漂亮，我哪点不如他？这就是中国知识分子潜藏在内心的最真实的想法。黄巢如此，现在社会的很多大学生更是如此。眼看着一同大学毕业的同学，当时学习可能没有自己好，可是混得却比自己好，人家不是公务员就是事业单位，比自己轻松自在，还挣得多，很不服气，一种报复社会，报复别人的思想很容易在这种环境下滋生。

有这样想法的人常会铤而走险，甚至不惜伤害别人而获得自己的满足感。所以知识阶层的青年们一定要放下架子，深层地考虑自己的不足，用自己真正的努力去证明自己，做出自己的成绩来。那些投机取巧，甚至损人利己的做法，最后不只会伤害别人，也会把自己送上一条不归路。

第六章
CHAPTER6

义士的“背面”

历史上的宋江集团

怪盗一箩筐

被江湖不齿的采花贼

好勇斗狠的大侠们

各种美好的东西，都要看到它的背面，那里藏有肮脏、暴力，不透光的灰暗，或是蹩脚的奇特！

恩格斯在《自然辩证法》一书中，说出了这句带有一种唯物辩证法思想的名言来，让我不禁地思考起来，其实，义士何尝不是如此，他们的“背面”都有一些鲜为人知的细节，值得人们去探索。

各种史书上对于义士细节的描述，又有哪些容易被人遗忘或忽略的细节呢？

历史上的宋江集团

中国的义士其实都是带有一种背景性的，很少有像欧洲、美国的佐罗、蝙蝠侠那样的独行侠！

他们动辄形成各种帮派，常常还结成异性兄弟，形成了一股又一股的势力，他们的眼中没有国家的法律，只有各种江湖的规则。有谁敢违反这些规则，则会有人来充当判官，来个江湖了断。

前文提过，汉武帝时期河内就有郭解团伙，就是一股“豪侠”相结合的势力。老大郭解稍有不快便白刃相见，那真是杀人不眨眼。为了追求江湖上的名望，睚眦必报。逐渐地，不惟河内的帮派皆为郭解所操纵，甚至洛阳地区发生械斗、当地大亨多次调停无效，也要请他前去摆平。

后来，还有些大的帮派带有很强的宗族化和家族化色彩，族长就是老大，家法就是帮规，组织就是宗族成员的血缘结合，人多势众，荣辱与共，形成强大的力量。如汉景帝、汉宣帝时，涿郡西高氏、东高氏，皆为“豪侠”大族，郡府以下各级衙门的大小官员都因害怕而躲着他们，都说宁可辞官不做，也不和他们有瓜葛。

为此，中央前后派来几任郡守，都斗不过这些帮派，为何这些帮派势力如此胆大妄为呢？

其实这与他们的核心人物的身份有着很大的关系，这些帮派里的核心人物的公开面貌多为黑白一体或由黑漂白，几乎是普遍现象，此与一般盗贼团伙头目的职业犯罪分子身份相比，具有显著区别。

让人百思不得其解的是，这些帮派头目的身份竟然是一些盛名已久的大侠、义士，甚至有的是绅士身份，还拥有一定的政治地位，阿尔帕西诺演的《教父》有名吧？其实中国早就有，比如说大名鼎鼎的梁山大佬宋江。

《宋史》里有一件事是奇怪的。《宋史》有关宋江的记载，少之又少。或许，站在修史者的立场，对造反者是不屑一提的。可是，也不尽然。与宋江同期造反的，还有一个叫方腊的人。

宋史中就有《方腊传》，在众多纪传之中，也有大量提及方腊的词句，其内容显然比宋江多得多了。

宋史中，有关宋江的记载，大致有这么几段，散见于浩大的书卷之中。这些内容，现在也常被人拿来用。

比如，《宋史·徽宗本纪》载："二月庚午，癸巳，赦天下。是月，方腊陷处州。淮南盗宋江等犯淮阳军，遣将讨捕，又犯京东、河北，入楚、海州界，命知州张叔夜招降之。"

另有《张叔夜传》载："宋江起河朔，转略十郡，官军莫敢婴其锋。声言将至，叔夜使间者觇所向，贼径趋海濒，劫钜舟十余，载卤获。于是募死士得千人，设伏近城，而出轻兵距海，诱之战。先匿壮卒海旁，伺兵合，举火焚其舟。贼闻之，皆无斗志，伏兵乘之，擒其副贼，江乃降。”

《侯蒙传》也有提及：“宋江寇京东，蒙上书言：江以三十六人横行齐、魏，官军数万无敢抗者，其才必过人。今青溪盗起，不若赦江，使讨方腊以自赎。帝曰：蒙居外不忘君，忠臣也。”

上述记载，大致可以了解宋江的基本信息。其一，宋江确有其人，也确在山东等地起事。其二，宋江有才，确有过人之处，以致“官军数万无敢抗者”。其三，宋江仅是流寇而已，“转略十郡”，曾转战各地。有关他在梁山水泊“落草生根”的事，史书似乎也根本没有提到过。后人估计是依据史书中的一句话梁山泊多盗，将宋江演义到那儿了。其四，宋江起事的规模有限，手下之众，谈不上浩浩荡荡，估计也就是几百到上千人，亲信随从仅有三十六人，而不是一百单八将。

宋江后来战败而降，也不是主动受招安。招降宋江的人，叫张叔夜，其出名，似乎亦不是招降宋江一事，而是后来的一段，说其被金人所虏，途中不屈自尽，从而名垂青史。

1935年，余先生写下了著名的《宋江三十六人考实》，此文后收入《余嘉锡论学杂著》。余先生以治史学的方法考索《水浒传》故事之本事，对《水浒传》中近20人的原型进行了考证。宋江三十六人，史书只是笼统称之，余先生则据正史野史，侃侃谈来，甚有意思。

余先生笔下，大致推断的三十六人，计有宋江、晁盖、吴用、卢俊义、关胜、史进、柴进、阮小二、阮小五、阮小七、刘唐、张青、燕青、孙立、张顺、张横、呼延绰、李俊、花荣、秦明、李逵、雷横、戴宗、索超、杨志、杨雄、董平、解珍、解宝、朱仝、穆横、石秀、徐宁、李英、花和尚、武松。

全本的《水浒传》，后来被明代著名批评家金圣叹腰斩了。其腰斩的内容，便是七十一回以后受招安并受命征方腊的故事。

宋江其人的人生结局，史料亦无记载。他是起事了，也受降了。但后来如何呢？不知道。这一历史悬案，史界历来有争执。主要是正史未见记载。野史之说，又无依据。有些野史，还说得相当离谱，不仅说其“大书黄纸飞敕来，三十六人同拜爵”，也征了方腊，甚至后来还陪着宋徽宗画画，跟蔡京学练书法……想象力超级丰富，却均不可信。

当然，也有野史说到，宋江受降后，他和他的部属全部被杀了。金圣叹批本添加的卢俊义梦见梁山头领全部被捕杀的情节，是不是受此影响，就不得而知了。

总之，宋江的结局，没有人知道。他在正史中消失了，却在各种通俗唱本中丰满起来。南宋时的《宣和遗事》，这是最主要的一个版本。明人施耐庵写《水浒传》，以及后来罗贯中改续的几十回，便是以《宣和遗事》为蓝本的。梁山好汉的故事这才家喻户晓而妇孺皆知。宋江这位郓城小吏，仗义疏财、结交江湖，人称“及时雨”的形象，才真正地深入人心。

因此，《水浒传》是小说，宋江只是文学形象。它与历史的联系，是相当少的。宋江在梁山泊的那些事儿，纯属子虚乌有。

施耐庵的《水浒传》根据民间流传的梁山好汉故事，把坐头把交椅的老大宋江描写成了一个仗义疏财、急公好义、爱国忧民、忠肝义胆的乱世英雄，在他巧取豪夺地掌握了梁山的革命领导权后，奉行了一条“只反贪官、不反皇帝、等待招安”的改良主义路线，在其两败童贯、三败高俅之后，梁山革命根据地发展到鼎盛的阶段时，那种执拗地顽强地生长在这个旧知识分子内心的忠君报国思想，使他走上了一条受招安，投降大宋王朝的似乎正本清源的道路，也把众位梁山好汉送上了一条不归之路。

宋江

历史上确有宋江起义，《宋史》上也曾经明白无误地记载过。宋江起义大概发生在宣和元年至三年间，即公元1119年至1122年，起义主要涉及的地域是在太行山及山东、江苏北部一带，起义和前文提过的黄巢军一样，具有流寇性质，指东打西，战无定策，风卷残云，哪儿黑哪儿歇，没有固定的根据地。

起义中心地带虽是水泊梁山，但此地并非易守难攻，梁山只是一个类似丘陵地带的地方，当代散文家古清生曾经在笔下描绘过这个地方，给笔者的影响很深，所以宋江在这个狭小的，并非倚险可守的地方能够长期驻扎且能让数支进剿的官兵始终无功而返是不太可能的。

宋江究竟因何而降？宋江起义的结局历史上真实的记载是其严重受挫后投降，说明白点，就是在大宋王朝重兵围剿下兵败溃散，无奈之下举旗缴械投降。而并非像《水浒传》中所描写的那样，是因朝廷累累举兵无果，宋江大败官兵主动受招安而降。

宋江起义是一起规模很小的起义，但是战斗力却非常惊人，起义大军东奔豕突，居无定所，宋江浮海而来，水陆并进，劫掠珍宝，收获颇丰。

宋江战败投降的真实场景应该是这样的：宋江惯于流动作战，外出劫掠归来，面对小股官兵挑衅，人人奋勇，个个争先，不料却中了张叔夜诱敌之计，当伏兵四起，战船被烧时，队伍斗志顿消，队形立散，官兵敢死队在战斗中俘获了宋江的副手，宋江眼看大势已去，无奈之下只有举兵投降。

那么，宋江兵败投降以后，命运究竟如何？迄今为止这还是史学界的一段公案。《续资治通鉴长编》、《皇宋十朝纲要》、《大宋宣和遗事》等多部史书都明确记载宋江投降后随官兵前往镇压方腊起义，这也就是施耐庵所著宋江征方腊损兵折将的出处。但也有的史学家考证宋江并未征方腊，而是被另一名将折可存在镇压方腊起义后一并剿灭，宋江遇害身亡。但是，折可存宋史上并未有传，而是在近代1938年出土的折可存墓志铭中有过记载。还有民间传说，张叔夜受降宋江后，担心其贼心不死，留下终究心腹大患，而将宋江等三十六条好汉杀害埋于白虎山下，而成为“好汉茔”。

这段扑朔迷离的公案其实有一个非常清晰的线索，假设宋史张叔夜的记载可信，那么宋江兵败张叔夜并投降后，很有可能被派往童贯军中效力，而此时的折可存为童贯军中第四将，随同镇压方腊，眼见同为起义军的方腊之悲惨下场，宋江军中的三十六位好汉未必不会再度蜂拥宋江揭竿而起，折可存因与宋江同征方腊而被朝廷上谕前往镇压不是没有可能，宋江也因此被害。

这个推论当然还得有赖于更多史料佐证，但无疑此说最为合理，也是唯一能够解释张叔夜和折可存遗留史料中言之凿凿的记载的，无论怎么说，宋江从起义到失败，仅仅一年多时间，在投降宋朝后不久小黑哥就非正常地死亡了，至于怎么死的，迷雾重重，施耐庵最后的交代是因受奸臣排挤而饮毒酒身亡，临死前还拉上了几个兄弟垫背，也并非没有可能。

所谓《水浒传》中的三十六天罡星，七十二地煞星，水泊梁山一百单八将是作者施耐庵根据民间流传的故事而杜撰的，宋江起义是由以三十六条好汉为主的骨干力量组成的，这三十六条好汉《大宋宣和遗事》中有着详尽记载，尽管《大宋宣和遗事》为宋无名氏所作，为讲史话本，有小说家一言之弊，但因与宋江起义年代相距较近，文中仍然有许多可信之处。《水浒传》里的许多场景，譬如杨志卖刀，晁盖等八人智取生辰纲，宋江怒杀阎婆惜、九天玄女授天书等都有非常仔细而传神的描写，所不同的是杨志等十二位指使(宋代低级军官)先是到太行山梁山落草为寇后与晁盖、宋江合兵一处，《大宋宣和遗事》中对宋江的结局也有交代，仍为将门之子的张叔夜元帅招诱宋江等三十六人归顺大宋朝，宋江后因征方腊有功而被封为节度使。

《大宋宣和遗事》一书中天罡院三十六员猛将如下：

> 智多星吴加亮，玉麒麟卢进义，青面兽杨志，混江龙李海，九纹龙史进，入云龙公孙胜，浪里百跳张顺，霹雳火秦明，活阎罗阮小七，立地太岁阮小五，短命二郎阮进，大刀关必胜，豹子头林冲，黑旋风李逵，小旋风柴进，金枪手徐宁，扑天雕李应，赤发鬼刘唐，一撞直董平，插翅虎雷横，美髯公朱同，神行太保戴宗，赛关索王雄，病尉迟孙立，小李广花荣，没羽箭张青，没遮拦穆横，浪子燕青，花和尚鲁智深，行者武松，铁鞭呼延绰，急先锋索超，拼命二郎石秀，火船工张岑，摸着云杜千，铁天王晁盖。

这三十六人之中，许多人的姓名和江湖绰号在后来施耐庵写作《水浒传》时起了变化，而且梁山好汉中其实并没有女性，之所以加入了三位江湖女侠(顾大嫂、孙二娘、扈三娘)，也可能是为了让梁山好汉的故事更加引人入胜。

因晁盖早死，众人便推呼保义宋江做了头领，凑足了三十六天罡之数。在《大宋宣和遗事》一书中，明白无误地写着，宋江聚义的地方是太行山梁山泊，而施耐庵在《水浒传》中却把水泊梁山地理位置定位于山东省梁山县境内，而在中国地理图上，我始终没有找到太行梁山所在，这又是一大疑团，至今无人能解。

梁山好汉的故事代代相传，自宋、元至明清，流传版本众多，脍炙人口，甚至后世还衍生出《水浒后传》来，梁山英雄有血有肉，栩栩如生、呼之欲出的形象千百年来不知打动了多少读者，他们豪侠仗义、除暴安良、替天行道的英雄壮举，成为历史上影响最为深远的读者心目中的英雄人物。

尽管小说家言与历史的真实有着一定的出入，但这丝毫不影响《水浒传》这部古典名著成为中华文学史上最为灿烂夺目的奇葩，而作者施耐庵也同样堪称中国最为伟大的文学家之一。

怪盗一箩筐

古代常有一些盗贼，他们神出鬼没，手法高超，这些人不扰民，他们偷的东西，都是有钱人的东西，而且特有艺术感。

比如《水浒传》里的鼓上蚤时迁，古龙笔下的那位盗帅楚留香，这种怪盗很受欢迎，不只中国人喜欢，外国人也喜欢。比如，法国就有一位，怪盗鲁邦，其实就是法国的侠盗亚瑟·罗宾。就连日本动画片《名侦探柯南》里边，也有那位最有名的，柯南最棘手的对手，叫怪盗基德。人家偷东西很潇洒，先给你发一封信，告诉你，什么时间，什么地点，我要去偷你的什么东西，还准能偷到手。

前文说过，这种侠盗的祖师婆婆是红线女。不过，红线女只偷过一回东西而已，可这些人都是鼎鼎大名的惯偷，哪一天不偷东西，心里边就痒痒，手心更痒痒。当然这些盗贼不是为了钱财而偷，而是为了偷而偷，纯属热爱这个职业，以此职业为荣。

这种有特殊才能的盗贼，也被称作怪盗，最早出现在孟尝君的队伍里。孟尝君是战国的四公子之首。孟尝君喜欢招纳各种人做门客，号称宾客三千。他对宾客是来者不拒，有才能的让他们各尽其能，没有才能的也提供食宿。

有一次，孟尝君率领众宾客出使秦国。秦昭王将他留下，想让他当相国。孟尝君不敢得罪秦昭王，只好留下来。不久，大臣们劝秦昭王说："留下孟尝君对秦国是不利的，他出身王族，在齐国有封地，有家人，怎么会真心为秦国办事呢？"秦昭王觉得有理，便改变了主意，把孟尝君和他的手下人软禁起来，只等找个借口杀掉。

秦昭王有个最受宠爱的妃子，只要妃子说一，昭王绝不说二。孟尝君派人去求她救助。妃子答应了，条件是拿齐国那一件天下无双的狐白裘，用白色狐狸的皮毛做成的皮衣作报酬。这可叫孟尝君作难了，因为刚到秦国，他便把这件狐白裘献给了秦昭王。就在这时候，有一个门客说："我能把狐白裘找来！"说完就走了。

原来这个门客最善于钻狗洞偷东西。他先摸清情况，知道昭王特别喜爱那件狐裘，一时舍不得穿，放在宫中的精品贮藏室里。他便借着月光，逃过巡逻人的眼睛，轻易地钻进贮藏室把狐裘偷了出来。妃子见到狐白裘高兴极了，想方设法说服秦昭王放弃了杀孟尝君的念头，并准备过两天为他饯行，送他回齐国。

孟尝君可不敢再等过两天，立即率领手下人连夜偷偷骑马向东快奔。到了函谷关正是半夜。按秦国法规，函谷关每天鸡叫才开门，半夜时候，鸡怎么可能叫呢？大家正犯愁时，只听见几声"喔，喔，喔"的雄鸡啼鸣，接着，城关外的雄鸡都打鸣了。原来，孟尝君的另一个门客会学鸡叫，而鸡是只要听到第一声啼叫就立刻会跟着叫起来的。怎么还没睡踏实鸡就叫了呢？守关的士兵虽然觉得奇怪，但也只得起来打开关门，放他们出去。天亮了，秦昭王得知孟尝君一行已经逃走，立刻派出人马追赶。追到函谷关，人家已经出关多时了。

后来，人们把为了达到某种目的而使用不正当的小伎俩称作“鸡鸣狗盗”，也把使用这种小伎俩的人称作“鸡鸣狗盗之徒”。

但是这种人的技术，到了关键的时候，真能救命，所以这些人也并不为人反感。

后来，明清的时候，流行各种各样的武侠小说，比如说什么《三侠五义》之类的，这些小说里，统一都要有一个情节，就是有个侠客肯定会去偷皇帝的东西。

比如，《三侠五义》里有个叫白玉堂的。白玉堂的外号叫锦毛鼠，还有个南侠展昭，他的外号叫御猫。

这个白玉堂就不服，为啥我是老鼠，你就要叫猫呢？这不是欺负人吗？就把皇帝的东西给偷走了，然后嫁祸给展昭。

《三侠剑》这部书里有个叫杨香武的，也是个飞贼，他的故事就叫做三盗九龙杯。

故事发生在清朝康熙年间。浙江镖师黄三太脑子一热，夸下海口，今后宫内不管丢失了什么东西，我黄三太一定去找回来。谁知这句话给自己惹下了大祸，不久，康熙的一对九龙玉杯不见了，于是传旨黄三太，限期一个月内将九龙杯找回，否则要将黄三太全家斩首。

黄三太接旨后，又惊又急，吃不下，睡不着。就搭设宴席，请来天下的英雄。此时一位英雄匆匆到来，他就是黄三太的师弟，叫杨香武。杨香武说出自己曾夜入皇宫，盗走了九龙杯。黄三太听罢大喜，连忙给杨香武下跪，说明了原委。大家听后都大吃一惊，但杨香武说，他虽然盗走了九龙杯，可是在路上不小心又把九龙杯给丢了。黄三太听到玉杯丢失，不知去处，急得顿时昏了过去。

正在这时，一贯偷鸡摸狗的王伯彦站了出来，说九龙杯是他拿走的，不过他又把玉杯转送给好友周应龙了。黄三太听罢，先是一喜，后是一惊。因为当年黄三太和窦尔敦曾在李家店比武，黄三太用暗器打伤了窦尔敦，从此两个人结下了冤仇。而窦尔敦与周应龙是师兄弟，现在这玉杯落在周应龙手里，如果是旁人，也许周应龙就送还给他了，但如果是黄三太，周应龙是决不会轻易把九龙杯交出来的。众英雄你一言我一语，一时想不出好办法。杨香武在周应龙过生日那天，备上一份厚礼前去拜寿，趁机将杯讨回，如果他不给，就由杨香武再把玉杯偷回来。黄三太觉得这个计策可行，便分头准备去了。

周应龙也是个绿林好汉，勇猛无比，人称“金翅大鹏”，他使用的兵器叫镔铁双锏。在他生日那天，杨香武果真带了一份厚礼前来拜寿。周应龙想，我与杨香武并没有什么交往，今天他来肯定有事相求。杨香武将索要九龙杯的事说出，周应龙二话没说，慨然应允，将九龙杯拿出送给了杨香武，杨香武连声拜谢。

饮酒间，周应龙问起要九龙杯的是什么人，杨香武也是嘴欠，当他听到是要营救黄三太时，顿时变了脸色，趁杨香武不备，把玉杯夺了回来。周应龙告诉杨香武，说黄三太曾经用金镖伤了他师弟窦尔敦，他们之间有仇怨。杨香武听罢后悔不已，只得好言相求，可是周应龙坚决不肯给。这时，杨香武也翻了脸，他和周应龙约定，三天之内一定从周应龙手中偷走九龙杯。周应龙连忙吩咐手下严加看管。

杨香武有一身绝顶轻功，能自如地穿房越脊，来去无踪。他趁半夜三更，潜入周应龙的后厅，先到后院将周应龙的妻子用薰香熏倒。在一阵混乱中，杨香武高喊捉贼。周应龙中计，急忙赶到后院，一时忙中出错，人杯分离。杨香武趁机盗走了九龙杯。

周应龙发现玉杯丢失，方知上当，急忙带领众人追出庄外。杨香武刚把九龙杯交给前来接应的黄三太等人，周应龙已经追赶上来。黄三太好言解释，怎奈周应龙怒气冲天，举起双锏朝黄三太砸去。黄三太无奈，只好还手应战，双方厮打在一起。经过几十个回合，周应龙被打倒在地。黄三太并不想伤害他，急忙将周应龙扶起，并向他道歉。周应龙羞愧难当，从心里佩服黄三太，彼此握手言和，成了江湖上的好朋友。

时迁、杨香武都是这种怪盗的代表人物。久而久之，这种怪盗形象就成了一种符号。

首先说，这些怪盗也是义士队伍中的一员，他们智慧，敢于挑战权贵，代表了一种民众的最朴素的反抗的思想！当然，这些怪盗也不被人讨厌，甚至连被偷的人都暗暗佩服他们。所以这些敢偷皇上东西的胆大包天的盗贼，最后竟然大多数都被朝廷招安，变成了朝廷中的人，帮助朝廷剿灭更多的贼寇。

不管怎么说，这些怪盗可爱的历史形象，深深地刻在了人民的心中，也活跃在了我们各种文学作品之上，给大家带来快乐。

被江湖不齿的采花贼

中国古代的义士、侠客都有一套自己独立的道德意识，这些意识灌注在自己的行为规范之中。

有一些禁区是无论如何都不能触碰的，敢于越过雷池的人，必然会被江湖厌弃，特别是采花，也就是侮辱妇女的，必将成为江湖侠客们唾弃的对象，甚至比杀人放火的大盗还要严重。

有些采花大盗，仗着武艺高强，偷香窃玉，败坏女子贞操。这些人常常被侠客们追杀，直到归案为止。

《客窗闲话续集·义盗》：“我因盗党采花，必败，避重就轻，故认此案。”这就是一个采花贼，在被捕后，宁可承认不是自己干的罪行，也不肯承认自己曾经做过采花大盗的事实，因为犯了采花罪的人，即便服刑完毕，也无法在江湖“混”了。

这就是所谓的过街老鼠，人人喊打！

在武侠小说中经常出现采花贼这一类人物，如古典名著《三侠五义》里花蝴蝶花冲、《小五义》里的白菊花晏峰、《射雕英雄传》中的欧阳克、《笑傲江湖》中的田伯光、《天龙八部》里的云中鹤等。

其中，花蝴蝶名叫花冲，就是采花贼的代表人物之一，他是古典名著《三侠五义》里的著名反面人物。

花冲，轻功卓著、武艺高强、善打毒药镖，年纪轻轻不走正路，专门采花盗柳、奸盗邪淫，喜欢在鬓边插一只颤巍巍的蝴蝶，每次作案都会留下一只花蝴蝶做标记，因此绰号花蝴蝶。

因作恶多端、引发公愤，武林正义人士竞相追杀捉拿，先是五鼠之一的二哥彻地鼠韩彰在观音庵里发现花冲正在猥亵几个尼姑，所以韩彰冲上去就和花蝴蝶斗了几个回合，救下了几个尼姑，不过韩二爷也中了几个毒镖，后来翻江鼠蒋平又暗中刺伤了花蝴蝶。

江湖后来传说，花蝴蝶斗不过五鼠。

不过连秦桧也有三个好朋友，这花冲在江湖上也算是赫赫有名的人物，非常有地位，所以他就去找帮手去了。找到了自己的好友邓车。

邓车，绰号“神手大圣”，居住在邓家堡，使双刀，打得一手好弹弓，他就把花冲窝藏在了自己家里。

蒋平乔装独探邓家堡，没想到被邓车抓住了，韩彰救义弟闯邓家堡力战花蝴蝶，但是也没有救出四弟蒋平。

后来，和展昭齐名的北侠欧阳春及时赶到，宝刀磕飞邓车三十二弹子。这欧阳春是《三侠五义》这部书里武艺最高的大侠，他来了，其他人都不是对手。

邓车和花冲两个人被迫逃走，投奔到了霸王庄。北侠协助太守倪继祖抄霸王庄时宝刀喝群贼，又惊走邓车、花冲。

他们只好又投奔襄阳王暗中造反，助纣为虐。

后来，花冲受到襄阳王的命令，刺杀钦差严查散，蒋平是个水鬼，最后用计将花冲骗入水中，水淹花蝴蝶，最后花冲被韩彰、徐庆等人捉拿。

花冲死到临头问道：“你到底是谁？为何与俺作对？”

蒋平说道：“你做的事，你还不知道吗？玷污妇女，造孽多端，人人切齿，个个含冤。因此我等抱不平之气，才特前来拿你。若问我，我便是陷空岛四鼠蒋平。”

花蝴蝶道：“你莫非就是人称翻江鼠的蒋泽长吗？”

蒋平说道：“正是。”

花冲知道大限将至，叹气道：“好，好！名不虚传。俺花冲被你拿住，也不凌辱于我。快拿酒来！”

蒋平端到他唇边，花冲一饮而尽，又问道：“那上边的又是何人？”

蒋平道：“那是北侠欧阳春。那边是我二哥韩彰。这边是捕快头目龙涛。”

花蝴蝶说道："罢了，罢了！也是我花冲所行不正，所以惹起你等的义愤。今日被擒，正是我自作自受。你们意欲将我置于何地？"

蒋平说道："大丈夫敢作敢当，方是男子。明早将你押解到县内，完结了勾乡宦家杀死更夫一案，便将你解赴东京，任凭开封府发落。"

花冲听了，便低头不语，最后花冲被斩首在东京汴梁。

一般大侠，杀富济贫，被人津津乐道，但是如果做了奸淫妇女这样的事，就会被整个江湖，甚至是社会所唾弃。所以，更是敬告那些有着歹心的人，千万不要用非法手段，侵害妇女的利益，这样的事一旦发生，即便你武功再高强，那也是一世英名毁于一旦。

好勇斗狠的大侠们

中华民族一直是一个尚武的民族，在汉朝之后，一大批好勇斗狠的“恶少”出现了，这些恶少不是什么富二代，而是一些豪侠的代名词。他们凭着一身的武艺而洋洋自得，横行各地。

因为那个时候，各地豪强地主阶级，特别需要这些人来为自己维持社会的秩序，统治百姓，所以就特别爱笼络这些豪侠。这些豪侠几乎不受法律的辖制，该出手时就出手，特别爱出风头！

三国时的很多名将，都是这些豪侠出身，比如关羽、张飞、甘宁等，这些人在地方上或是跟人单挑失手杀了人，或是惹了大祸然后背井离乡，投靠到各路军阀的旗下，摇身一变就成了战场上的将军。

宋高祖赵匡胤手下就有一名豪侠叫刘荣祖，此人性如烈火，常年与人争斗，他见人就会说一句话：“单挑还是群殴？”

吓得对方，赶快走了。

结果，这个刘荣祖就被赵匡胤收入麾下了，他跟着赵匡胤上战场，赵匡胤明明命令三军没他的命令谁也不许放箭，结果，这家伙，骑着白马，左右开弓，对方的士兵应声而倒，从头到尾，他射死一百多人！

然后刘荣祖就跟街头打架一样，率先冲入敌阵，打了大半天，敌人见实在是打不过他，就退走了。

赵匡胤本来想要处罚他违反军纪的，没想到让刘荣祖这么横冲直撞，打赢了这场仗，不但没处罚他，还给他升了官。

这一升官不要紧，结果宋朝的尚武之风一下子就上去了，打架斗殴的事件屡屡发生，社会治安一度不稳定了。

豪侠们这种好勇斗狠，是比较有血性的，而且在战争时期，也比较需要这种习气，但是在和平时期，这样的游侠性格的人整天在大街上晃悠，那就给社会带来了极大的不稳定因素。

再到后来，这些豪侠又有点变质了，这些所谓“侠”者逐渐蜕变成了古代民间好勇斗狠的市井流氓，他们并无什么高尚情怀，只是有了所谓“义气”，只要有人请他们吃一顿，对他们说些吹捧的话，他们就会以身相许，替人打架杀人，虽死无憾。

当然，这些所谓豪侠的社会地位也在逐步蜕变，从一开始是各路豪强地主招募的对象，逐渐沦为了社会上最底层的人。

有些人会说，很多这样的人不都受了招安，到朝廷里去做事了吗？

这绝对是误解，社会上的平民中的一小部分会点武艺的人，做过一些打架斗殴的事情。他们在官府看来是不稳定因素，压制还来不及，哪里会请他们到官府做事？

另外他们处于社会下层，根本不可能有什么社会地位，即使偶然有人为官府所用，也是作为奴隶使用罢了。有些武侠小说作家把他们写成某些高官的朋友，或者如何受到器重，那也只是写手们的胡编乱造罢了，万不可信以为真。高官贵人如何肯与市井流氓称兄道弟？

后来逐渐有人写起侠客的小说故事，也不过是为了供人消遣。这种故事纯属虚构，好处是可以随意发挥，胡编乱造，死无对证，大家一起加入幻想，放胆想象，把在人世间不能实现的一些梦想，凭借这种虚构与编造，在幻想中实现一回，也算是对不完美的现实生活的一种畸形补偿吧。

早先的《七侠五义》及公案小说，已经把所谓的武侠神化了。后来金庸辈更是后来者居上，直把武侠小说抬到神坛上受到众人顶礼膜拜，使其俨然成为中华文明宝库中的奇葩了。

看完了这类小说后，让很多人都有一种暴力情结，认为暴力可以解决一切问题。

中国古代的大侠们，由于过分看重社会对自己的角色的期待，以及大多数侠客个体的刚烈豪放的性情，他们在对人对物上，常常显出一种极为主观化、唯意志化的倾向。

我们常常看到武侠小说里，两位大侠斗起气来，那真是会打得天昏地暗，这边是降龙十八掌，那边就是一个排山倒海！

最后打了个昏天黑地，两败俱伤，无数悲剧皆由此起。

李白的老爹就是这种悲剧的受害者，其实李白的老爹也是一位侠客。

李白的父亲叫李客，李家的商业规模相当大，其在长江上游和中游分设有两个庄口，一方面把巴蜀的产物运销吴楚，另一方面又把吴楚的产物运销巴蜀。

李客虽然是个大商人，生意其实都是由职业经理人帮他打理的，他却是一个文化修养很高的隐士，李客在隐居中对子女教育倾注了全部心血。从后来李白的自述可见，李客是一位品德高尚，学识渊博，对子女教育严格的人。

可是，谁又知道呢？李客的隐居是被迫的，就连李客这个名字都是假的（真名不详），李客是犯了大案之后，才隐居起来的。

李客当年在故乡的时候，本来一家子过得好好的，但是却因为一时的义气硬出头，打死了人，而打死的这个人正是一个权贵，才被迫隐居起来的。

这件事在史书里写得很隐晦，只是在李白的《墓志铭》上才带了这么一句，李白称赞自己的父亲是位大侠，为了躲避仇家才隐居在蜀地。

李客任侠杀人的详情虽不得而知，但从他避居穷乡僻壤，隐姓埋名，终其一生看来，绝不属于欺压贫贱，侵凌孤弱是可以断定的。李客的任侠杀人是属于扶危济困或申冤雪仇，而不是仗势欺人。

其实，李白父亲身上的那股侠客之血真的遗传到了李白的身上，李客的“侠士”之风，较为符合李白本人的性情言行。我们总读唐诗，都还以为李白只是个豪放的文人，其实李白也是个仗剑走天涯的侠客。

李白诗文中多次热情讴歌历史上的侠客义行，比较著名的就是那首《侠客行》，这个后来被金庸先生所利用，写成了一部同名武侠小说。

我们看他在《侠客行》里所歌吟的：

赵客缦胡缨，吴钩霜雪明。
银鞍照白马，飒沓如流星。
十步杀一人，千里不留行。
事了拂衣去，深藏身与名。

我们可以想象，诗中的赵客，实际就是李白的父亲李客。李白托名于赵客而行歌颂李客之实，对父亲充满了深情的怀念和热烈的崇敬。

李白本人也是率性任侠，曾在青年时代在家乡从赵蕤学《长短经》，修纵横术与兵法；又曾“学剑来山东”，一生都以侠客自居，以好剑任侠自诩。他的学生魏颢在为他的诗文集所作《李翰林集序》里对李白形象作有下列刻画：

> 眸子炯然，哆如饿虎……少任侠，手刃数人。

可以想见，李白的好侠行侠，除了受当时世风的影响之外，也跟他的侠客父亲有着密切关系。这或者可视为家学渊源吧！

李白杀没杀过人，至少历史中没有记载；但是，李白的侠客风度，却活在很多人的心中，当时安史之乱的时候，李白就曾经想要赶赴沙场，不过，最后这个要求没有实现。

像李白父子这样的人，还都算得上是豪侠性格，任侠好义，可还有一些侠客都是酒后乱性，犯下了杀人大罪。

五代时，后来的周太祖郭威，十八岁那年，看到一个屠户老在街道那边横行霸道，乡邻都非常怕他，结果郭威就喝完酒去找这个欺行霸市的屠户的茬儿，他命屠户割肉，然后总是不满意就骂屠户，屠户大怒，就跟郭威起了争执，没想到郭威借着酒劲一下子就把屠户给刺死了。

这个故事就有点像《水浒传》里鲁提辖拳打镇关西的情节。这就是伟大的小说为什么这么多人爱看，这是因为小说源于生活，却高于生活。

不过，对于李客和郭威这样，遇到问题就武力解决的做法，是不值得提倡的。

再怎么说，无论以什么理由，杀人伤人都会受到法律的制裁。所以，冲动是魔鬼，任何人都必须在做事前，要想想能不能为自己的行为负责。

在现代的世界里，也常常会有一些所谓的爱打架，尚武的小同学，以能惹是生非为荣，以能打架斗殴为荣，这些孩子看了点武侠小说，就变得非常暴力。

孩子们，我只能说，好勇斗狠是侠义精神的负面体现，我们面对义士，可以学其忠勇之精神，却不能学其暴戾之气息！否则，一旦酿成大祸，这世界上可没有后悔药可买。

第七章
CHAPTER7

站在十字路口的晚清侠客们

大刀王五和戊戌变法
黄飞鸿的人生境遇
拉开辛亥革命序幕的鉴湖女侠秋瑾
天津大侠霍元甲
世人敬仰的叶师傅

对于晚清来说，封建社会已经走向了尽头，各路豪杰站在了两个阵营中，要么守旧，做遗老遗少，要么进取，当革命先驱。

而对于站在十字路口的义士们来说，他们要做出怎样的选择呢？这无疑是那个动荡不安的时代里，一个十分受关注的话题。

大刀王五和戊戌变法

戊戌变法是晚清时的重要事件，又叫作“百日维新”。

在历史学家的眼里，戊戌变法历来被认为是带有浓厚知识分子色彩的资产阶级性质的改革。

毋庸置疑，戊戌变法的创始人康有为、梁启超确实是当时最负盛名的大儒，而其下的戊戌六君子也都是知识分子的楷模。

但，这并不代表，戊戌变法只是少数读书人的革命，其中有一位大侠也参与到了其中，他就是大刀王五。

大刀王五，并非此人真叫王五，他的真名叫王正谊，出生于沧州，是霍元甲的好友，清末武林大侠，是民间广泛流传的“晚清十大高手”之一。他居家排行老五，所以叫王五，又因为他的武艺非常好，刀法娴熟，人们就送他一个绰号叫“大刀王五”。

但是，与同时代的几位大侠，比如与燕子李三、霍元甲、黄飞鸿相比，他的名声确实要差一些，那是因为王五这个人并不适合演主角，他在很多历史事件中匆匆留下了自己的身影。但是，这并不代表他的英雄形象就比那些英雄差多少。

相反，我一直都认为大刀王五绝对是晚清最为耀眼的一位义士。

王五家境贫寒，十二岁便出来做学徒。据周宝忠《大刀王五》一书记载，王五原为汉族人，经人引见，他认识了当时十分了得的武术家李凤岗。

李凤岗是一名镖头，擅使双刀，他的成兴镖局在黑白两道都很有影响。王五十分崇拜李凤岗，便一心想要拜他为师。这李凤岗也看出王五是个练武的好材料，再加上王五的老家沧州本就是武术胜地，在那里出来的人大多有些武术的底子，教起来也不费劲。但是，李凤岗却有些犯难。

因为李凤岗的刀法是属于回族的刀法，这个刀法祖上有训，只能传给本族人，不能传给外族人。王五知道李凤岗的难处，为拜李凤岗为师而“弃汉入回”。李凤岗见王五如此有诚意，便欣然接受了这个徒弟，王五也顺势成为了李凤岗成兴镖局的一名小镖师。

因沧州地处河北、山东之间的交通干道上，成兴镖局专给北运的南货押镖，跑关外的蒙古买卖。少年王五跟着师父李凤岗出居庸关，越八达岭，纵览燕山群峰，踏遍了热河、张家口、绥远、包头的山山水水，并深入到蒙古高原的腹地。十几年的塞上走镖生涯，不但使王五由一个习武少年变成了一条而立之年的壮汉，而且使他成为了一名老成练达、胆略过人的真正镖师。

武艺学成，王五在江湖上也算小有名气，于是他便有了独自闯荡江湖的想法，他把目标定在了北京，毅然做了一名“北漂儿”。

1874年，王五进京创办源顺镖局。当时，正是镖行的兴盛时期，北京外城一带镖局比比皆是，竞争可谓十分激烈，没有点真本事，干这行非给饿死不行。

时有歌谣传唱：

走镖者，英雄也。白龙马，梨花枪，走遍天下是家乡。虽然力勇武艺强，江湖话儿要说讲。遇事稳开口，总要升点把黄。走镖人洋洋得意，吃的山珍海味，穿的绫罗绸缎，行走跨骑骏马，腰中紧别镖旗。到处要喊，怕人不知。

可见，走镖这行虽然十分风光，却也危机四伏。王五初来乍到，并不被人看好。

源顺镖局就开在前门外东珠市口西头的繁华商业区，谁都没有想到，王五进京后凭着十几年闯练出来的胆识、经验和阅历，事业上竟然一帆风顺，源顺镖局办得还挺兴隆。

很多人都认为，王五是因为武艺高超才能在镖局林立的北京独树一帜的，这当然是一条不可辩驳的理由，但是王五的镖局开得红火，却还有着更为深层的原因，那就是王五很有商业头脑。

王五的源顺镖局在当时来说是一家小镖局，可是“小而专”、“小而精“，办得很有特色。所谓“专”，就是专走北道，所谓“精”，就是从业人员不多，但素质高、队伍精悍。王五为人豁达，勇于进取，善于接受新事物，这在重传统、重正统、偏于保守的镖师队伍中，确是难能可贵的性格。

王五当时为源顺镖局设立了四条规矩：第一，重要的镖车亲自押送；第二，凡是来访的朋友，只要提到大刀王五的都要热情款待，走的时候还要返还给他盘缠；第三，冬、夏要为贫困的人施舍衣服，冬天要施舍寒衣、夏天要施舍单衣；第四，春节期间，镖局的车马装上东西去周济穷人，要做好事。

决定人命运的并非武力，也并非智商，应该是情商！而这种情商也并非是那种只会溜须拍马的人才懂得，这种情商来源于一种品格，一种修养，甚至是一种超自然的感触。

王五创办源顺镖局后，在一般人的心目中已是功成名就的掌柜了，而且当时双刀王正谊在北道也确有些名气。

但王五却没有因此而自满，别看王五在江湖上很混得开，但是他清楚，要想混镖局，武艺还是第一位的，这是硬实力。就像一个国家，外交再好，也不如有两枚洲际导弹，最好还是带核弹头的那种，只有那样才能更加震慑敌人。

王五在实践中发现双刀有些“虚”，于是毅然又拜武林高手“山西董”为师，改学单刀。

由于王五臂力过人，所以手中的单刀又大又重，为名匠所锻造，是世间稀有的上乘兵器，他“大刀王五”的称号也由此生出。这把大刀不但威震塞外，而且享誉京华。但王五为人处世，从不以威相压，而是以诚相待，以义相交。镖界同仁，感其仗义疏财，曾送王五“义重解骖”的金匾一块，此匾现今仍在王五故居中。

对于武学，中国人的心态搞得有点像专利技术，如果让别人知道了其中的奥秘，自己还怎么混？所以，大多数中国武术家讲究不教徒弟，或者是少教徒弟，一派宗师，总是只有少数几个传人。

但是，王五却没有这样的心态，朋友想找他讨教几招，他都倾囊相授，绝不隐瞒。

他还开办“文武义学”，免费招青年入学，特聘有名的学者教授经史、新学，自己传授武功。此外，他还对当时一件事非常感兴趣，那就是维新变法。

公元1894年到1895年，中、日之间发生战争，这就是历史上所谓的“甲午战争”。结果中国战败，被迫与日本签订了《马关条约》。条约中割地赔款，使中国丧失了大量主权。但腐败无能的清政府，反而把战争失败后的损失转嫁到全国的老百姓身上，加重了各种苛捐杂税，加紧搜括民脂民膏，由于赔款数额巨大，几乎家家户户都得做出贡献。由于《马关条约》的签订，清朝政府的腐败和卖国的本质暴露无遗。

中国自鸦片战争后，洋务派试图购买先进的武器装备救中国，但是北洋舰队的全军覆没预示着洋务运动的彻底失败。这时一大批有识之士，力图学习近邻日本，变法维新，以图强国。

变法的领袖康有为、梁启超正在发展一大批有识之士，参与到变法之中去，大刀王五也在梁启超等人的招募之列。王五在源顺镖局期间行侠仗义，除强扶弱，劫富济贫，梁启超在《饮冰室文集》中曾赞其："王五生平以除强扶弱为事。"

当然，如果要论和大刀王五有交情，还得说是戊戌六君子之一的谭嗣同。

谭嗣同字复生，号壮飞，湖南浏阳人，1865年3月出生于北京。他的家庭世代为官，他出生时，父亲谭继洵已官至户部员外郎，又过了几年，转任甘肃省巩、秦、阶道道台。

谭嗣同的童年和青少年时期，就是在甘肃度过的。由于出生于一个世代为官的家庭，因此，谭嗣同从五岁起就开始接受教育，苦读四书五经之类的儒家典籍。但是，他生性厌静好动，所以他又喜欢习武。在少年时代，谭嗣同拜了两位师父，一文一武，文的是他的同县人欧阳中鹄，武的即是大刀王五。王五与谭嗣同的交往源于1875年，这是源顺镖局开张一周年的时候。当时燕京著名的五路镖师之一的胡致廷向王五推荐谭嗣同为徒。王五教谭嗣同单刀和七星剑的本领。

在我上中学时曾看过一个电视剧，名字都忘了，但清楚地记得那里边的谭嗣同武功了得，一开始还认为是编剧胡编，后来看过历史记载，才知道原来谭嗣同虽然称不上是个武术高手，但是手底下的功夫也应该不是很弱。

从此，谭嗣同既习文又练武，空余时间更喜欢与家丁或同伴们去山野森林练习骑射打猎。

对于这样的一段生活，十九岁时的谭嗣同曾作诗述志：

策我马，业我裳，天风终古吹琅琅!何当直上昆仑巅，旷观天下名山万迭来苍茫!

从诗里可以看出，谭嗣同并不满足于读书、练武和射猎，他不是那种想做官发财或玩物丧志的人，他心中藏着“天下”，他有他自己的抱负和追求。

由于王五来自于民间，了解民间的疾苦，这对于出身于世代为官家庭的谭嗣同来说，也未尝不是一件好事，使他了解到许多他原来毫不知晓的发生于民间的事，也使他间接地了解了老百姓的艰难困苦。谭嗣同也是一个豪爽之人，因此两人一见如故，虽是师徒关系，竟成了忘年之交(王五比谭嗣同大十多岁)，到后来又发展成生死之交。

当然，王五并非目光短浅的武夫，能和谭嗣同这样的学问人成为好朋友，他自然也是有自己独特的想法能够打动谭嗣同的。

王五就曾经对谭嗣同说过：“出了居庸关，乃东北千里之地，大山连绵、森林茂密，还有一片辽阔的土地，水草丰盛，人烟稀少，我打算买下一批骆驼、牛马在那里放牧，再召集游民发展农牧经营，建立一个塞外王国。我奉你为主，也可以利用这些经营资助你的朋友继续干你的事业。”这段话被谭嗣同写在了自己所著的《铁樵传》中。王五建立游牧政权的想法，是很吸引谭嗣同的。

原来，谭嗣同是个厌静好动之人，对功名利禄又淡如秋水，因此他虽然读过不少书，却对于参加科举考试非常不积极，一开始还参加了几次，由于态度消极，准备又不充分，自然几次都名落孙山。到了后来，他干脆不再参加考试，彻底放弃了这条通过科举考试慢慢往上爬的做官道路，二十岁以后，他开始漫游全国，时间竟然长达十年之久，放在今天他就是个标准的“驴友”。

十年的漫游生活使得谭嗣同开阔了眼界，增长了见识，并结识了一些与他志同道合的人。更为重要的是他认识了社会，感受到了民间的疾苦，他觉得清政府的很多做法不合理，需要改良。通过十年漫游，他深切地感到中国的河山如此壮美，但中国老百姓的生活却如此悲苦，实在不相称。

1896年至1897年，谭嗣同完成《仁学》一书。《仁学》一书中的某些言论是在利用佛学、儒家学说和西方学说三合一的理论批判清政府已经落伍，政体必须改变，在清末思想界中产生过相当的影响。

在谭嗣同写《仁学》期间，维新运动也正在各地开展。1895年，康有为发动“公车上书”，后来又多次上书，提出变法的要求和主张。康有为、梁启超、严复等人又在北京、上海、天津和广东等地创办报刊，成立学会，大力宣扬变法。

谭嗣同认为找到了中国变革的方向，一下子投入到了革命中去，摇身变为了变法的骨干人员。

1897年11月，德国强占胶州湾。接着，沙俄强占旅顺、大连，法国强占广州湾。中国成了一大块任人宰割的肥肉。在这种形势下，康有为又两次赶往北京，上书给光绪皇帝，全面地提出维新变法的具体内容。

光绪皇帝也深感各国列强的咄咄逼人，如果再不变法图强，不但国家不保，连自己的皇帝之位也摇摇欲坠。1898年6月11日，光绪皇帝下“明定国是”的诏书，正式宣布变法。

同时，谭嗣同的变法维新思想也反过来影响了王五。后来，谭嗣同还写了《赠舞人诗》送给王五，希望他能加入维新变法的行列。

谭嗣同以为朝廷毅然变法，国事大有可为，非常有信心。随后，谭嗣同被擢升为四品卿衔军机章京。王五非常支持谭嗣同，他对谭嗣同说：“维新变法是富国强民之路，也是王五所愿，能与复生(即谭嗣同)同道、同志乃王五之福分。”

王五是老江湖，老江湖自然能嗅到一种特别的味道，他知道谭嗣同身边杀机四伏。

从变法之日起，谭嗣同的衣食住行就都由王五来操持，他选派精壮的武师来护卫谭嗣同的住所。王五感到重任在身，因为他担心维新变法会受到挫折，所以他在谭嗣同的秘密支持下广交武林豪杰，来发展赞同变法的人，希望他们能够加入维新的行列。但此时的清廷正陷于以慈禧、荣禄为代表的后党和以光绪为代表的帝党斗争，谭嗣同等人希望维新变法，苦于手中没有实权。

光绪帝、康有为、梁启超、谭嗣同等为首的改良派准备以武力来解决这个问题。

而以慈禧太后和荣禄为首的反对新法的旧势力，也准备在秋季天津阅兵时发动兵变，罢黜光绪帝，废除所有新政。

这个消息传到改良派那里，使他们惊恐不安。他们想方设法，商讨对策。当时驻扎在京津一带共有三支武装部队，由袁世凯、聂士成和董福祥分别统领。聂士成和董福祥是荣禄的人，肯定不会听你改良派的，而袁世凯则态度不明朗，但平时对变法显得颇“热心”，且加入过康有为建立的“强学会”。何况三支军队中以袁世凯统领的一支为最强，是一支有七千人的新建陆军，当时也是清朝军队中最强的一支。情急之下，虽然也担心袁世凯不一定靠得住，但还是把希望寄托在袁的身上，希望袁看在光绪皇帝的面上，能站出来“救驾”，从而也能挽救维新派的命运。那么谁去袁那里做这个说服袁能够“救驾”的工作呢？谭嗣同自告奋勇去当说客，说服袁举兵杀西太后的亲信直隶总督荣禄，并派兵包围西太后的住地颐和园，救出光绪皇帝。

9月18日夜，谭嗣同独自一人前往北京法华寺，法华寺当时是袁世凯的住地。袁世凯很客气地接待了他。

双方寒暄一番之后，谭嗣同就直奔主题，说当今圣上正面临危险，说荣禄欲借阅兵之机废黜皇上，现在唯一能救皇上的只有他袁世凯了……最后，谭嗣同说：“您愿意救，就请救之，如不愿意救，就请现在将我缚了送去给西太后，您也可以立功领赏了。”说毕，伸出双手，准备给对方捆绑。

袁世凯把胸脯拍得啪啪响：“您把我袁某当作什么人了？皇上是我们共同的恩主，救护皇上，不仅是您的责任，也是我的责任。您有什么要我做的，尽管对我说好了。”

谭嗣同见袁世凯如此忠诚激烈，当即信以为真，就将他们的计划和盘托出，为保险起见，又故意用了一个激将法，他对袁世凯说：“荣禄是个奸雄，您要对付他恐怕不大容易吧？”袁世凯一脸怒容地说：“只要有皇上的命令，杀一个荣禄就像杀一条狗一样，有什么难的？”这样，谭嗣同与袁世凯的会见算是有了“圆满”的结果。谈话结束以后，他就赶回去向康有为等人报告“喜讯”。

但是，袁世凯心里边也有小九九，如果政变成功，袁世凯能得到什么呢？他的地位肯定不会和康有为、梁启超和谭嗣同地位一般高。但是如果政变失败，袁世凯就必然身败名裂，这样的买卖还做吗？

这件事在两天后有了分晓，时隔两天，即到了9月20日，袁世凯赶到天津，把谭嗣同他们的计划全部告诉给荣禄。荣禄当晚即乘专车到北京，下车后直奔颐和园，向西太后告发。第二天，即1898年9月21日凌晨，西太后下令软禁光绪皇帝，接着，又宣布自己再次“临朝听政”，并开始大肆搜捕改良派和所谓的“帝党人物”。

戊戌变法仅仅持续了103天最终失败了。变法失败后，在谭嗣同被捕的前一天上午，他去看望已避居外国使馆的梁启超，将自己所有的文稿、书信等物交给了梁启超。梁启超紧紧握住谭嗣同的手，执意劝他留在使馆不要走了，下午使馆中的友人又到浏阳会馆敦请他赶快去使馆暂避一时，谭嗣同直言谢绝了朋友的安排。

晚上，大刀王五再次赶到浏阳会馆，力劝谭即刻移居源顺镖局，天明城门开启时，混在镖师之中，随镖车出城。

谭嗣同此时笑道："各国变法无不从流血而成，今日中国未闻有因变法而流血者，此国之所以不昌也。有之，请自嗣同始。"并直言要求王五马上离去。王五长叹一声，知道谭嗣同殉难的意志已决。临别时，谭嗣同把随身佩带的"凤矩"宝剑赠送给王五，并希望王五能继承他的改良事业。

王五跺了跺脚离开了谭嗣同的家。

谭嗣同把最后的时间留给了自己，他给自己写了一封信，信的内容是以他父亲的身份而写的，信中都是责骂自己的话，什么大逆不道，什么不忠不孝，什么变法改良是逆天行事……并最后表示要与他脱离父子关系。他这样做的目的，是想让他的父亲免受牵连。果然，后来就由于有了这封信，他的父亲仅被撤职了事，家属也未受连累。

9月25日，谭嗣同在自己的住所浏阳会馆被捕。被捕后，谭嗣同在狱中只关了三天。他回顾往事，将自己的遭遇与汉朝的张俭和杜根作比较，觉得有相似之处。他想到自己能逃而不逃，甘愿引颈就刎，是否符合圣贤所说的"杀身成仁"这一条。他又想到康有为和大刀王五，他们两人一个已逃离北京，一个还留在北京，希望他们继续努力，去完成未曾完成的维新变法事业。想到这一切时，他从地上拾起一块煤屑，在牢房的墙壁上写下一首诗：

望门投宿思张俭，忍死须臾待杜根。

我自横刀向天笑，去留肝胆两昆仑。

9月28日下午四时，谭嗣同在北京菜市口刑场慷慨赴死。临刑前，他叫监斩官刚毅走过来说：“我有一言要对你说!”但刚毅不予理睬。谭嗣同口中念着：“有心杀贼，无力回天，死得其所，快哉快哉……”

谭嗣同、杨锐、林旭、刘光弟、康广仁和杨深秀等六人于1898年9月28日，被斩首于北京菜市口刑场，史称“戊戌六君子”。

谭嗣同死时，北京没有他的亲人，他的亲人都在湖南。而朋友们则是死的死，跑的跑，也没有什么人了。这时，总算还有一人挺身而出，亲自为谭嗣同收尸埋葬。这人就是大刀王五。

王五冒着附逆的风险为谭收尸，将谭嗣同入殓以后，王五在自己的居所密设灵堂，祭奠了七日，才把棺材送往浏阳安葬，然后年末返回北京，遵照谭嗣同的意思联络武林豪杰，等待时机再次变法。

第二年，王五又与谭嗣同的家人一起，把谭嗣同的骨骸运回湖南浏阳老家，造墓于城外的一处石山下面。

同时，王五计划秘密刺杀荣禄等人，为谭嗣同报仇，但是因为防范比较森严，多次都没有得手。

从此，王五的镖局大院成了一个大讲堂，正是在那个满座高朋纵论时事的镖局院子里,王五完成了从武夫向志士的身份转换。

八国联军进中国后，在中国烧杀抢掳，无恶不作，义和团应运而生。

义和团运动兴起后，义和团大师兄张德成久慕王五之为人，由天津赴京，亲临源顺镖局，恳请王五出山，赴天津共建灭洋大业。王五慨然答应。到天津后，王五协助张德成整训队伍。

后来，他的一把大刀杀了很多洋鬼子，自己带领的敢死队勇冠三军，是八国联军统帅瓦德西的心腹大患。

义和团在天津的老龙头火车站、北仓等地和八国联军展开了浴血奋战，以血肉之躯与后膛枪炮相拼搏，前赴后继，王五率集训的大刀队冲锋在前，刀劈洋鬼子多人。

战罢擦着刀上的血，王五对徒弟赵崇斌说："这把刀，今天才成为真正的刀，因为它开了洋荤，沾了鬼血，我王五也不虚称大刀王五了，对得起这把刀，也对得起祖宗了。"

有一次，敢死队被八国联军困住，受到了重创，从此八国联军对外宣称打死了王五，其实王五是身受重伤。

八国联军退出中国时，瓦德西还是对王五念念不忘，切齿之恨，要求慈禧严惩王五。

之后，清政府曾经抓住王五和一群义士，在贵人帮助下王五死里逃生，因为沧州离北京太近，王五来到了河南陈州府北杨集乡谷孟庄，准备再次起义。慈禧为了永绝后患，命令对王五知根知底的袁世凯对王五执行追杀令，有敢维护王五的，格杀勿论。

袁世凯就派陈州府尹围住了王五的院子，因为王五和一干人的顽强抵抗，清军只好烧院子，因为当时的房子木质结构火势很大，有的人烧焦了、有的人烧成一把灰，是谁都分辨不清楚了。

当然，对于王五的结局还有很多种说法，有的人说王五再次死里逃生，逃到了南阳。但还流传着另外一个王五结局的版本。

义和团运动失败后，王五返回北京，本想出走塞上，再谋发展。可是许多北京的友人都来投奔大刀王五，把源顺镖局当作避难之所，外柜、内柜三十多间房住得满满的。这些人携老带幼，既不能随王五出走关外，又不能丢下不管。于是王五冒着风险留了下来。

1900年，因不满王五参与义和团，清朝官兵围剿源顺镖局，王五团队寡不敌众，皆力战而死。王五也中枪而亡，时年56岁。后清政府将王五首级悬挂于城门示众，并派官兵看守，家人无法为其入殓。身在天津的霍元甲闻讯后，连夜赶至京城，将其首级夺下，并埋葬。

至此，兴盛一时的源顺镖局人散镖空。

大刀王五的故事就此结束，义士之魂却永不泯灭，在这个故事里，王五是侠客，是义士，谭嗣同也是，戊戌六君子都是！中国的义士，从来就不是以武功高低而划分的，而是一种情结，一种抱负，甚至是一种理想。

这种理想之光不灭，中华民族就仍然能在黑暗中再次复兴。

黄飞鸿的人生境遇

黄飞鸿在传说中是一位谦恭有礼、行侠仗义、克己忍让的民族英雄，关于他的故事和传说，爱看功夫片的观众更是耳熟能详。在许多人的眼中，黄飞鸿的功夫了得，其绝招“虎爪、鬼手与无影脚”更是无人不知。

有人一直以为，黄飞鸿是一位虚构出来的英雄人物。这是因为大家在影视剧里早已经熟悉那个英姿飒爽的黄飞鸿了，每次黄飞鸿扎下马步、摆开架式时随即响起的那首《将军令》，人们便惊呼太帅了！

其实黄飞鸿并非虚构出来的人物，而是确有其人。

黄飞鸿原名黄锡祥，字达云，出生于广东佛山，原籍南海西樵岭西禄舟村人，是南少林洪拳的一代宗师，他共有四个儿子，两个女儿，三个孙子，六个孙女，儿孙如今分布在东南亚、澳洲和拉美地区，但他的后代现在已经完全脱离了武术界。

黄飞鸿的父亲黄麒英被称为清末武林“广东十虎”之一，武功虽然高强，家道却是非常困难。因此六岁开始跟从父亲习武的黄飞鸿，从十二岁起就随父亲在佛山、广州一带卖武，卖跌打药。

十三岁的时候，黄飞鸿在佛山豆鼓巷卖武时遇到了铁桥三的大徒弟林福成，正在被几个街头混混纠缠，飞鸿父子替林福成解了围。林福成见黄飞鸿禀赋奇佳，自然非常喜爱，传给他“铁线拳”、“飞砣”等绝技，这为黄飞鸿奠定了日后成为洪拳大家的基础。

1863年，黄飞鸿和父亲移居广州。因为他父子武艺高强，好打抱不平，非常受拥戴。当地的铜铁行的工人们自愿集资，为他们在广州西关第七甫水脚开设武馆。

因为黄飞鸿的名气，前来报名学艺的人络绎不绝。从此，他广收弟子，结束了卖武流浪的生涯。第二年，因为信服他的人品和武艺，广州果栏、菜栏、鱼栏三栏行中人联名聘黄飞鸿为行中的武术教练。

1866年，广州西樵官山墟的一家当铺在深夜被一伙歹徒打劫，谁知正逞凶之时，恰好遇到了黄飞鸿。

这次遭遇真的是一块试金石，黄飞鸿一人奋起搏杀，竟把这几十人全部击退，在当地传为佳话。

这样的武艺，让附近村镇地方的人们听说后仰慕不已，纷纷请他到自己那里教拳授徒。

1868年，黄飞鸿从“四象标龙棍圣”武师郑大雄处习得左手钓鱼棍法，可谓如虎添翼。

转过年来，黄飞鸿在佛山平政桥斗蟀场，正在为卢九叔做现场保镖的黄飞鸿被一伙歹人围攻，他大施拳脚予以严惩。撂倒了众多歹人后，忽然有一名拳师向他挑战，黄飞鸿以一套“四象标龙棍”大胜对手的“左手钓鱼棍法”，这几招用得点到为止，不曾伤了对方的性命，这令对方心悦诚服。

不仅在民间，就是在当时的清廷，黄飞鸿也是声名远播。

由于黄飞鸿的武艺精湛，很多人就萌发了找黄飞鸿当武术教头的念头。1873年，广州水师聘他为水师武术教练。随后提督吴全美聘他为军中技击教练。

树大招风，人有了名气就容易遭人嫉妒。1872年，武师李澄波、大旧二等流氓前来广州，要踢黄飞鸿的馆子，结果被飞鸿打败，黄飞鸿此时收了陆正刚、梁宽等人为徒，这些徒弟不再是那些起哄学武的孩子，而是后来都成为了一代武术宗师的高手，有这些厉害的徒弟撑腰，黄飞鸿算是正式有了自己的一方天地。

1874年，黄飞鸿又与武师宋辉镗交流武艺，学得大家都能说得上来的绝技“佛山无影脚”。此时的黄飞鸿已经成为了拳法、脚法、棍法、暗器的大宗师，可谓是十八般武艺样样精通。

1875年，黄飞鸿到山西去游历，没想到在西樵官山墟一当铺夜宿时，遇贼人打劫。这些贼人真的是不知道马王爷三只眼，黄飞鸿一人击退数十人，这名声终于传播到了山西。

1876年年初，黄飞鸿又到香港与徒弟陆正刚相会，但万万没有想到的是，他却与洋人发生了冲突。

原来，有人对黄飞鸿说，在香港有一个洋人从国外带来一条大狼狗，这只狗非比寻常，个头像小牛犊那么大，而且凶猛异常。那洋人竟然在香港设下擂台，向华人发出邀请函邀斗。

黄飞鸿一听立刻拍案而起："他竟敢如此侮辱欺凌中国人！我一定要管！"于是收拾行囊出发，直奔香港。擂台之上，黄飞鸿意气风发，几记"猴行拐脚"便把恶犬击毙在台上。台下欢呼雷动，洋人一见灰溜溜地逃走了。

这次黄飞鸿算是把脸露到国外去了。

同年，在香港水坑口大笪地，小贩鹏玉被一个当地的恶霸欺凌，摊子被踢，人也被打得遍体鳞伤。

黄飞鸿正好路过，见到以后自是伸手相助。这恶霸随即召来几十个同伙，手拿刀棒等器械围攻黄飞鸿，黄飞鸿又怎么会惧怕他们?

黄飞鸿的武功果然不是盖的。他赤手空拳，闪展腾挪之间把这帮人打得丢盔卸甲、仓皇逃窜。

但是，这个恶霸却联系了香港一个著名的黑社会帮派，企图灭了黄飞鸿。黄飞鸿幸得少女陆阿宽相救，潜回了广州。同年，另设馆于广州西关回澜桥附近教徒授艺兼医刀伤跌打，三栏教席由梁宽代替。此后林世荣、戚继宽、邓秀琼等人拜飞鸿为师。这个林世荣就是电影里的猪肉荣!

黄飞鸿的一生，恰恰经历着中国的一段难忘的历史，开始由封建专制转向民主共和的年代。那时候，西方国家已经通过坚船利炮，用装满鸦片的趸船敲开了中国坚闭千年的国门。

黄飞鸿对国家有着深深的担忧，非常希望自己的一身本事可以为国效力。为政府工作后，黄飞鸿立即关闭了自己开设多年的武馆。

1886年1月，黄飞鸿之父黄麒英染病卒。月余后，吴全美也去世，飞鸿辞去军中技击教练职务，在广州仁安街设跌打医馆“宝芝林”。

1888年，黑旗军领袖刘永福骑马摔伤，久治不愈。有人推荐飞鸿为他治疗，一周即治好。刘永福本是天地会头领，天地会就是《鹿鼎记》里反清复明的那个组织，但是刘永福在国难之际，抛弃了民族间的恩怨，毅然投入到了抗击外来侵略的斗争之中去。

刘永福赏识黄飞鸿武艺高强、医术精湛，聘为军医官和福字军技击总教练，向其赠由张之洞题写的《医艺精通》木匾。

1894年，刘永福率领军队赴台湾抗击日本侵略军，黄飞鸿就随福字军一起抵台，驻守在台南。

1895年6月，黄飞鸿被唐竟崧任命为殿前大将军。此后黄飞鸿在新竹、嘉义和台南保卫战中，亲临一线浴血奋战。但是，甲午战争后，清王朝已经如风中残烛，再也难以支撑，很快台湾就被日军占领。

刘永福护台湾失利之后，黄飞鸿也自台湾返回广东，在自己开设的医馆“宝芝林”门前，贴出了这样的告示：“武艺功夫，难以传授，千金不传，求师莫问。”从此之后，他只行医不授武。

但是，黄飞鸿真的能离开他那行侠仗义的生活吗？答案不能！

历史上真实的黄飞鸿

1911年，应刘永福邀聘，黄飞鸿再次出山，任广东民团总教练。转过年，鱼栏伙计冯如灿（卖鱼灿）遭歹徒勒索被殴，黄飞鸿见义勇为严惩歹徒，“义救卖鱼灿”的故事在羊城广为传颂，当然这也是黄飞鸿人生中最后的闪光时刻了。

1917年1月，刘永福逝世，黄飞鸿哀悼之余，想起众多离散的徒弟。而此时，黄飞鸿的几个重要徒弟也因为战乱，散落于四方，多数去了香港发展。1919年4月9日，在广州海珠戏院广东省精武会成立，在大会上请来了黄飞鸿。

当时，黄飞鸿已经是一个垂垂老矣的老者了。没有人能把他和当年的一代宗师联系在一起。当他上台的时候，他没有说话，而是拿出了飞砣。

所谓飞砣，其实是暗器的一种，镖的后边拴了一根绳子，所以这种镖可以重复使用。

他的徒弟在几米开外放了一个坛子，他刷的一声放出飞砣，然后一抖手中的绳子，飞砣本来平行运行，竟然马上改变了运行轨迹，不偏不倚，落在了坛子中。

内行看门道，场内都是武术界的精英，看到这样的场景，大家无不震惊！黄飞鸿对于力道的控制已经达到了炉火纯青的地步，真可谓是指哪打哪！

台下爆发出了雷鸣般的掌声，黄飞鸿宝刀不老，仍然屹立在武林之中。

黄飞鸿的晚年生活非常坎坷。1919年，在广西梧州渡做护勇的精通武术的次子黄汉森被人暗算惨死。这种老来丧子的打击，使得黄飞鸿再也不向其他儿子传授武功，以防他们因此招致祸端。再后来因暴乱，“宝芝林”被毁于一场大火，黄飞鸿积累一生的资财也随之付之一炬。更糟糕的是，他的大儿子黄汉林又因战争失业。

内忧外患，因过分牵挂家国之事，黄飞鸿终于忧郁成疾，于1925年3月25日病逝于广州城西的方便医院。临终前，黄飞鸿嘱咐妻子莫桂兰（十三姨的原型）要重开“宝芝林”。

莫桂兰虽然是黄飞鸿晚年时的一个小妾出身，但却真正学得了黄飞鸿身上的本事，可谓是武艺高强，女中豪杰。

黄飞鸿死后，莫桂兰与邓秀琼被邀在邓芳开的武馆“义勇堂”为助教，并组织历史上第一支女子醒狮团。

1930年，林世荣精心整理的黄飞鸿拳谱出版，开创广东近代武术套路写作的先河。1933年，林世荣的徒弟朱愚齐写的《黄飞鸿江湖别传》出版，这是第一部介绍黄飞鸿的传记小说，成为了日后黄飞鸿系列电影的蓝本。

1946年，莫桂兰再度赴港，在香港高士打道挂起“黄飞鸿授妻莫桂兰精医跌打”的招牌，授徒行医，重开“宝芝林”药店。此后，她创办“黄飞鸿武术馆”和“黄飞鸿健身学院”。

1949年，黄飞鸿系列电影第一部上集《鞭风灭烛》和下集《火烧霸王庄》上演。1950年，朱愚齐另一部关于黄飞鸿的作品《岭南奇侠传》问世，带动了黄飞鸿题材作品创作的热潮。此后，黄飞鸿题材的小说、影片纷纷问世。20世纪六七十年代，黄飞鸿的弟子与再传弟子向全球发展，在世界各国开馆收徒。1976年，莫桂兰接受《真功夫》杂志记者探访，介绍黄飞鸿许多鲜为人知的事情。1982年，莫桂兰在香港逝世。

20世纪80~90年代，黄飞鸿的三传弟子余志伟、赵志凌等人及洪家弟子遍及二十多个国家，全世界有近四十万人在学黄飞鸿武术。

1996年，“黄飞鸿狮艺武术馆”在他的家乡西樵禄舟村建成。2001年1月14日，黄飞鸿纪念馆落成典礼在佛山隆重举行。黄飞鸿题材的电影超过百部，进入《2001年吉尼斯世界纪录大全》。

2004年广东电视台播出四十集纪录片《武林探秘》，其中第五、六、七集纪录黄飞鸿三传弟子余志伟在佛山、台山与美国发扬洪拳实况。

2006年，余志伟在广东体育电视台公开传授黄飞鸿工字伏虎拳，五形拳等一共十集，放映期长达半年之多。

黄飞鸿给后人留下了什么?

黄飞鸿的人性内涵浓缩了当时佛山人最优秀的品格，他聪慧、有灵气、爱国爱乡、奋发向上的品质，对于现代人也有教育意义。黄飞鸿的这些性格和除暴安良、见义勇为的事迹都是最基本的东西，所有的艺术形象都需要以此为基础，也正是因为他有这样的思想内涵，才能升华到今天这样的各种艺术形象。

拉开辛亥革命序幕的鉴湖女侠秋瑾

清光绪元年十月十一日（公元1875年11月8日），此时的大清王朝在列强的瓜分下已经是风雨飘摇，而就在福建闽县一个官绅家庭中，一个女婴在这凄风苦雨的中国大地上呱呱落地了。

女婴的父亲叫秋寿南，是同治年间的举人，母亲单氏夫人则出身于浙江省萧山城内望族大户。

父母给女孩取名叫玉姑，女儿长大后，他们又给她取了个大名叫秋瑾，“瑾”是美玉的意思，显然父母是希望这个女娃成为他们的手中美玉，成为家族的掌上明珠。

秋瑾从小就不同于其他的女孩子，还在童年时，她面对中国受到各国列强的欺凌，签订各种丧权辱国的条约，便冷冷地向母亲说道：“这样下去，中国人要成为他们的奴隶了。”

对于这样的觉悟，父母都觉得这个女儿实在是与众不同，如若是男孩，大有可塑。

但是那时女孩仍旧没有什么地位，父母不能指望这个女孩能做出什么惊天动地的大事来，只希望她能求得一门好的婚事。

秋瑾不爱做女孩子的游戏，也对那种豪门中的大小姐生活不屑一顾。从幼年起，秋瑾便随大哥秋誉章在家读书。她天资聪颖，读书用功，除读四书五经外，还广泛涉猎各种诗词、小说、史书，对一些描述古代游侠，特别是女杰的作品，怀有浓厚兴趣。而她一代女侠的称号绝非浪得虚名，光绪十六年（公元1890年），秋瑾从福建来到浙江，住在绍兴城内外婆家，除继续读书外，她还向其外婆家表兄弟单老四习武。

小小年纪的秋瑾就练得一身武艺，若是男孩，就算不从军报国，也可仗剑走天下，做个洒脱的侠士。但她却因为是女儿身，而无从施展抱负，心中非常郁闷。

光绪二十年（公元1894年），父亲秋寿南任职湖南湘潭县厘金局，秋瑾和母亲随往。而已经十九岁的秋瑾也已经到了出嫁的年龄，经媒人说合，父母做主，秋瑾于光绪二十二年四月五日（公元1896年5月17日），嫁给了湘潭城内大富商王黻臣之子王子芳为妻。

要按平常人家的婚姻标准，这本是一桩美满婚姻。王子芳家中巨富，且父亲已经为他买了个工部主事的官做，况且王子芳并非不学无术的纨绔子弟，而是一个很有上进心的青年。

但是，秋瑾却很不满意婚姻对自己的束缚，但父母之命、媒妁之言在那时仍旧是女孩难以逾越的鸿沟。

戊戌变法失败后，王子芳升为户部郎中，赴京任职，秋瑾同往，而这时他们已经有了一个可爱的女儿叫王灿芝。

在北京，秋瑾闻见官场种种污秽，买官、卖官、贪污、腐化，视百姓如草芥的官员到处都是，甚至连自己的丈夫也跟他们同流合污，这让秋瑾非常反感，并彻底对这个王朝失去了信心。

郁闷之余，秋瑾写下了《黄金台怀古》一诗：

蓟州城筑燕王台，招士以财亦可哀！
多少贤才成底事，黄金便可广招徕？

不久，义和团运动兴起，八国联军侵占北京，秋瑾与王子芳匆忙离京返湘避难。少年时，跟母亲所讲的亡国论调，再次在秋瑾的心中回响起来。难道中国真的成为了外国列强的奴隶之国了吗？

秋瑾又以强烈的忧国情怀，写了一首叫《杞人忧》的诗：

幽燕烽火几时收，闻道中洋战未休。
漆室空怀忧国恨，难将巾帼易兜鍪。

从诗中不难看出，秋瑾的侠气展露无疑，她此时真的想把生死抛诸脑后，仅凭一把利剑杀回北京去，把那些侵略中国的外国鬼子杀个片甲不留。但是，冷静下来后，秋瑾却也为自己感到悲哀，自己终归是个女子，即便就这样以身殉国，也无法改变中国积贫积弱的现状。

而不久，又一个打击到来了，秋瑾的父亲在湖南桂阳知州任上病逝，秋瑾带着无限的悲痛返湘居丧。而树倒猢狲散，本来秋瑾的哥哥秋誉章在湘潭城内开设的“和济钱庄”生意兴隆，但由于秋寿南的去世，而失去了靠山，不久便本金亏尽，被迫关闭。其母、兄等没有办法，皆离湘回浙，秋瑾也只好再次回到北京与王子芳一同生活。

还好，在回到北京后，秋瑾结识了与王子芳同在户部任职的廉泉之妻吴芝瑛。吴芝瑛也是个来历非凡的女人，她是当时著名的“桐城派”学者吴汝纶的侄女。

吴芝瑛思想开通，精于书法、诗词，比秋瑾年长七岁，二人结识后感情日笃，吴氏夫人也十分感叹秋瑾文才不亚于“士大夫”，武勇比肩“大将军”，故二人意气相投结义金兰。

通过吴芝瑛的介绍，秋瑾还结识了绍兴同乡陶大钧之妾陶荻子，以及其夫在京师大学堂执教的日本女教师服部繁子。

当时的日本经过明治维新后，已经摆脱了西方列强的殖民统治，国内的军事、实业已经可以和西方列强抗衡。故很多有志青年都前往日本留学，想要吸取日本的经验，富国强兵。

这些留学生带回了大量资产阶级革命的思想，陶荻子也曾随丈夫去过日本留学，而服部繁子是地道的日本人，所以秋瑾在朋友那里时常能看到一些宣传革命和救国的新书报，眼界为之大开，这是她最早接触资本主义革命的思想。

受到了先进思想的激发，秋瑾的侠女情怀、忧国之情日趋强烈，她更加不安于过碌碌无为的生活，于是她发出了“人生处世，当匡济艰危，以吐抱负，宁能米盐琐屑终其身乎？”的感叹。

于是乎，秋瑾有了出国留学的想法。

出国留学？一个女子吗？

王子芳当然不会同意，他知道妻子“心野”，又有武功在身，自己硬拦是拦不住的。所以，王子芳竟然用了十分龌龊的办法，他窃走秋瑾自筹用作留学费用的珠宝财物，以阻其行。

从准备出国留学遭丈夫阻止这件事，使秋瑾认识到女子“革命当自家庭始”的道理，从此秋瑾与丈夫反目成仇，不再踏入家门一步，她也脱下红妆，丢掉女子裹脚布和三寸弓鞋，换上全副男装，直至牺牲，她终未再穿清朝礼服。

秋瑾

好在秋瑾有很多开明的朋友，他们很快就为秋瑾凑足了学费。光绪三十年五月（公元1904年6月），秋瑾终于得偿所愿离国赴日，开始了她漫长的求学旅程。她先在东京中国留学生会馆所设的日语讲习所补习日文，经半年刻苦努力，至年底结业。其后，她曾一度入东京青山实践女校学习。

到达日本，让秋瑾没有想到的是，这里竟然有这么多的中国人，在努力完成学业的同时，秋瑾广泛结交进步留学生和革命志士。

周树人、陶成章、宋教仁、王时泽、何香凝、冯自由等都与秋瑾有着较多往来。

而在这段期间，秋瑾积极发起和参加各种革命团体，开展革命和妇女解放活动，其中包括与留日女生陈撷芬等人一起，对拒俄运动时留日女生成立的“共爱会”进行改组，改名“实行共爱会”。这是一个旨在团结全国妇女的进步团体，目的是引导妇女们参加社会活动，争取妇女解放。这是秋瑾从事妇女解放运动的最初实践活动之一。

秋瑾还提议成立了“天足会”，提倡妇女放脚，并开展反对纳妾的斗争。她本着革命从自己做起的原则，写信回国，请其兄做代表，与王子芳公开谈判离婚。这是她和旧体制、旧家庭决裂的信号。

摆脱了旧婚姻的束缚，秋瑾一下子轻松了许多，她得以把更多的精力放到学习和运动中去了。

秋瑾在日本组织的一系列民主集会，让许多革命家注意到了她。冯自由、梁慕光奉孙中山之命，在日本横滨成立秘密反清团体“三合会”，作为交通内地秘密会党之导线。秋瑾得讯后，即与王时泽、刘道一、仇亮、刘复权等共十人，一同加入此会。三合会封秋瑾为“白扇”（就是军师）。

三合会不同于秋瑾所创立的其他协会，它是一个具有政党意义的组织。加入横滨三合会，是秋瑾日后广泛结交秘密会党的开始。

但是，这一切风风光光的革命活动都是在日本国内，而在中国的广大土地上，人民依旧在清政府的腐朽统治下，受到了官僚和列强的双重压迫。在中国实行资产阶级革命，特别是暴力革命推翻清政府的统治，需要有人去实践。

趁学校放假，秋瑾决定回国探亲并续筹留学费用，当然她还有一个目的就是要借这个机会将自己的革命理论在国内实践一下。

回国后，秋瑾遇到了在日本结识的老朋友陶成章。

就在前不久，在电影院观看《建党伟业》的时候，由郭涛扮演的陶成章，在众多同盟会元老面前用绑在身上的炸弹，吓唬住了不可一世的同盟会元老青帮头子陈其美。

当时我听见座下的很多观众都在惊叹，这是谁啊，这么牛？

现在我就来解释一下，这位陶成章仁兄为什么这么牛。可以说陶成章是中国最早的资产阶级革命实践家，很多对清廷的暗杀、破坏活动都是他搞出来的，其中最有名的是他曾两次赴京刺杀慈禧太后。说句不客气的话，他搞革命时，陈其美之流只不过是他的小辈，就连孙中山都得叫他一句“大师兄”，这样的人能不牛吗？

而就是这位牛人，对秋瑾也是赞赏有加，他在上海创立光复会后，非常希望秋瑾能入会，好把浙江各地联络秘密会党的工作交给这位女侠。

当时，陶成章还有两位大名鼎鼎的“同门师弟”，一个是后来的北大校长蔡元培，而另一个是革命先烈徐锡麟，他们都是光复会的元老。

光绪三十一年（公元1905年）春，秋瑾拿着陶成章的介绍信回到上海，很快找到了蔡元培，然后返绍兴走访徐锡麟。四月，经徐锡麟介绍，加入光复会，从此秋瑾全身心地投入民主革命事业。

陶成章这时也回到了上海，把光复会的党首吕熊祥等人介绍给了秋瑾，秋瑾终于与浙江秘密会党建立了正式联系。

同年六月，秋瑾第二次到达日本，开始新的学习生活。她以顽强刻苦精神，坚持学习，课外她坚持练武，从不间断，还在物理课上学会了制作炸药之法，这都为她日后进行反清运动打下了良好的基础。

公元1905年7月，由孙中山领衔的中国同盟会在东京成立。八月，秋瑾经冯自由介绍，在黄兴寓所宣誓加入同盟会，随即被指定为同盟会评议员和浙江省主盟人。

同盟会的成立比之陶成章的光复会而言，更加令清政府胆寒，因为它已经清楚地提出了“驱除鞑虏，恢复中华”的口号。清政府面对这种威胁，给日本政府正式发函，要求剥夺留日中国学生言论、集会、结社、通信的自由权利。

日本报纸发表文章，恶意诋毁中国留学生为乌合之众。中国留学生停课抗议，秋瑾的好友陈天华甚至以蹈海自尽的方式抗议日本报纸的诋毁。

在东京，秋瑾亲自主持了陈天华的葬礼，葬礼上秋瑾亲自宣读了陈天华的《绝命书》，场下的学生和爱国志士闻之无不动容。

面对为革命献身的好友，秋瑾第一次觉得革命真的是需要牺牲，她也终于意识到自己所走的这条路是无比艰难和残酷的。

在是否停课回国的问题上，秋瑾与宋教仁等力主全体在日的留学生应该立即停学回国。但这项建议却遭来了很多留学生的反对，秋瑾此时的心绪已经平静了下来，她写信给愿意留下的好友王时泽说："诸君诚能忍辱以成其学者，则辱也甚暂，而不辱其常矣。"走是爱国，留下也是为了将来可以更好地为中国革命而奋斗，只要抱着一颗革命的心，在哪里都是一样的。

而秋瑾自己却和很多革命志士，返回了中国，因为在她看来学习再多的理论，也需要运用才行，革命是到了该付诸行动的时刻了。

秋瑾回国后，经同盟会会员褚辅成介绍，于光绪三十二年二月（公元1906年3月）到浙江湖州南浔镇，执教于浔溪女校，做日文、理科、卫生等课的教师。在浔溪执教期间，秋瑾积极向师生宣传男女平等的思想和民主革命的思潮。

在任教期间，秋瑾还发展了众多的革命会员，该校主教务的徐自华及其妹徐双韵和学生吴珉等都参加了光复会和同盟会，成为秋瑾的莫逆之交和革命同志。

八月，秋瑾辞去教师工作，与光复会员尹锐志、陈伯平、张剑崖、姚勇忱在上海虹口北四川路祥庆里，以锐进学社之名联络浙江和长江各地会党，并在此试制炸药以备起义之用。而就在试制炸药的过程中，却出现了惊险的情况，炸药突然爆炸，好在当时他们的炸药研制还在试验阶段，炸药的威力并不强，秋瑾的手受伤了，但是并不重，不久之后便康复了。

但是，这一声爆炸的动静实在是搞得太大了，秋瑾只好和光复会的会员们将住所再次转移，炸药的实验也只能暂且搁置了。

秋瑾对革命最大的贡献，是她把妇女解放与民主革命事业紧紧地联系了起来，她招募的很多会员中，有很多都是女性，这些女性后来积极投入反清革命，与男子一起战斗。

扫尽胡氛安社稷，由来男女要平权。
人权天赋原无别，男女还须一例担。

这是秋瑾所作的一首诗，从这首诗里可以看出秋瑾关于妇女解放的思想、理论，已经达到了同时代中国人的最先进水平，正如郭沫若评述的那样："秋瑾不仅为民族解放运动，并为妇女解放运动树立了一个先觉者的典型。"

光绪三十二年十月（公元1906年12月），光复会骨干齐聚上海，他们这次准备策应萍浏醴大起义，搞出点大动静来。

此时，光复会会长蔡元培已不多过问会务，实际主持光复会的徐锡麟则已捐得道台，正拟赴安徽任职。在浙江方面亟须既具威望，又富才干的人主持。陶成章、徐锡麟邀秋瑾回浙主持工作。秋瑾欣然接受，她亲自筹划浙江武装起义活动。在秋瑾之前，陶成章、魏兰、敖嘉熊等已经在联络全浙各地会党，取得了显著的成就。

秋瑾回浙后在由徐锡麟、陶成章、龚宝铨等人创办的大通师范学堂里秘密联络各地会党并进一步组织起来，而这所学校的好处是除了必要的功课外，它还开设了军事训练科目，专门招收金华、处州、绍兴三府的会党骨干人物，入校进行为期半年的军事特训。

起义的必要准备就绪后，秋瑾和徐锡麟在杭州西湖白云庵会谈，粗略地拟定皖、浙两省同时起义的计划。

他们商定以安庆为重点，以绍兴为中枢，对金华、处州等地同时发动进攻，占领皖浙两省重镇后，分路会攻南京。

安徽方面由徐锡麟主持，浙江方面由秋瑾主持，两地分头同时抓紧筹备。商定以后，秋瑾即回绍兴。这时，萍浏醴起义业已失败，但皖浙起义的计划照旧进行。公元1907年1月，秋瑾回到绍兴，正式接任绍兴大通学堂督办的职务，主持各项校务，并以此为中心，加紧组织浙江革命势力。徐、陶等人还设法以合法和公开的方式，从上海购买了后膛九响枪50支、子弹2万发。

至五月间，光复军初步整编完成。与此同时，起义的具体行动计划和发动日期也初步拟定：光复军先由金华府发难，继而处州府响应，以吸引杭州方面清军前往镇压。绍兴的光复军即渡过钱塘江袭击杭州，在事先约定的驻杭新军及武备、弁目学堂师生的配合之下，一举夺取杭州。若攻夺杭州的计划受挫，则光复军立即返回绍兴，经金华出江西，进入安徽，与徐锡麟会合再图进取。在浙江发动起义的同时，徐锡麟在安徽亦发动起义，浙皖两省配合，各自得手后合力会攻南京。

但是，计划赶不上变化，徐锡麟在安徽的革命活动突然暴露了，他匆忙决定提前起义。光绪三十三年五月二十六日（公元1907年7月6日），徐锡麟借安徽巡警学堂举行预定的毕业典礼之机，与光复会同志陈伯平、马宗汉突然发难，枪杀安徽巡抚恩铭。

但这次起义实在过于仓促，很快便失败了，最后陈伯平战死，徐锡麟、马宗汉被捕。当天，徐锡麟即遭杀害，安庆起义失败。接着，清军在九江逮捕到徐锡麟之弟徐伟，并得知秋瑾是徐锡麟同志，安徽新任巡抚冯煦立即将此电告浙江巡抚张曾敭。

此时，秋瑾还对徐锡麟的被杀一无所知，她还正在对浙江光复军作最后部署。

那时的通信实在是不方便，而浙江境内的光复军又彼此并不熟悉，所以未等到规定的六月十日起义之期，有好几路人马不明原因，就纷纷擅自行动了。五月上旬，裘文高在嵊县西乡二十八都村首先发难。之后，金华府的武义县、金华县、兰溪县、汤溪县、浦江县等地的光复军亦因泄密或叛徒告密，遭到清廷地方当局的重大破坏。

恰在这时，绍兴劣绅胡道南等人又向知府贵福密报："大通体育会女教员革命党秋瑾及吕熊祥、竺绍康等，谋于六月初十日起事。贵福即于五月二十七日（公元1907年7月7日）进省向张曾敭面陈。"

安徽新任巡抚冯煦的来电，浙江各地接连发生的事件及贵福的报告，使张曾敭确信主持绍兴大通学堂的秋瑾是浙江革命党的首要人物，便立即派兵赴绍兴捕拿。

五月底，秋瑾才从报纸上得悉徐锡麟安庆起义失败被杀的消息，她立即知道大事不妙。面对同志的牺牲，她已经没有悲痛的时间，有着强烈政治敏感的她，立即烧毁光复会来往函件和干部名册，指挥转移大通学堂所藏的大批枪支弹药。有人向她建议提前起义，但秋瑾认为嵊县和绍兴各地的光复军尚未集结就绪，如果突然起义，势必遭到更大的损失，所以她并未支持贸然起义。

六月二日（公元1907年7月11日），浙江官府从杭州派遣新军三百多人，由第一标第一营管带徐方诏率领赴绍兴，因担心官兵中有革命党人，行前对全体官兵进行搜身检查，引起骚动，为附近武备学堂学生听到，立即向绍兴通报。大通学堂方面在次日得报，许多人恳劝秋瑾趁早出走避祸。

但秋瑾此时已经置生死于度外，她正气凛然地说道："男子之死于谋光复者，则自唐才常以后，若沈荩、史坚如、吴樾诸君子，不乏其人，而女子则无闻焉，亦吾女界之羞也。"

此时的秋瑾想到了戊戌变法中，本能逃走却愿意为维新而死的谭嗣同，也想起了在日本为争取学生言论自由而死的陈天华，更想起了不久之前刚刚牺牲的徐锡麟，但他们都是男人，秋瑾认为也是她要为女子证明一下的时候了，于是她便下了用一死以唤起中国人民革命之心的决心。

她给在浔溪女校执教时的学生徐双韵寄去一首绝命诗：

虽死犹生，牺牲尽我责任；即此永别，风潮取彼头颅。壮志犹虚，雄心未满，中原回首肠堪断！

7月13日下午，贵福、徐方诏和山阴知县李钟岳、会稽知县李瑞年等人，率清军包围大通学堂。此时学堂内还有三十几人，秋瑾要他们逃出去，有两名学生在冲出去时被清军枪杀。最后只大通学堂教员程毅等六人和秋瑾留在学堂内。清军攻入，逮捕了秋瑾等七人，并搜去一些枪支弹药、马匹驴子和秋瑾所写的诗词、文告等。

秋瑾被押至绍兴知府衙门，当晚即由贵福、徐方诏、李钟岳、李瑞年等对她进行了会审，第二天又继续进行审讯，在审讯中，不论敌人怎样花言巧语，或是严刑逼供，秋瑾始终以凛然不可冒犯的英雄气概对付敌人。她斩钉截铁地告诉敌人："论说稿是我所做，日记笺折亦是我办，革命党之事，不必多问！"

敌人逼问她已经逃走的王金发、竺绍康等人的去处，她以对敌鄙夷，不屑一顾的口气回答："不知道。"敌人刑逼她供出匪党共有几人时，她再也不予理睬，任凭敌人怎样软硬兼施，她始终不说一字。

最后，秋瑾挥笔写下了“秋风秋雨愁煞人”七个大字，作为交给清政府的唯一的笔供，也以此表达自己对革命失败的惋惜，对祖国命运的担忧，从此再也不肯写什么说什么了。

秋瑾的被捕给了清廷极大的震撼，实在不知道一个女子，竟然是浙江的起义领袖，这真是古今少有的奇事。

在用尽各种方法皆不能迫使秋瑾屈服之后，贵福决定尽快杀害秋瑾，以免浙江各地光复军，特别是竺绍康、王金发带人进攻绍兴，营救秋瑾。于是他一面命幕僚编造一份《秋瑾口供》向上司交账，一面电请张曾敭批准杀害秋瑾。张曾敭立即复电同意。

光绪三十三年六月六日（公元1907年7月15日）晨，这位为民族解放和妇女解放英勇斗争的战士，就这样怀着对革命未成、壮志未酬的遗恨，结束了短暂而光辉的一生，年仅三十三岁。

逃走的王金发终没辜负秋瑾的重托，他后来终于掌握了绍兴府的军政大权，实行新政，公祭英烈，使得秋瑾的事迹在当时的上海、香港及南洋、日本、欧洲的留学生团体中广泛流传。

秋瑾的革命失败了，实事求是地说，由于时代的局限，以秋瑾为代表的一批早期的革命青年，在革命的理论上是缺乏的，他们常把封建制度的罪恶和异族入侵混在一起，把“驱除鞑虏”作为了主要的革命任务，这样就忽视了汉族统治者中的封建势力，有碍反对封建专制大目标的实现。

秋瑾是这样，孙中山也是这样！

但是，秋瑾仍旧是我们历史上的女英雄，她的革命思想、献身革命的精神唤起了千千万万的民众对于推翻帝制，走向共和的向往。

秋瑾应该会想到，在未来的中国大地上，爆发了一场震惊中外的资产阶级革命，也就是辛亥革命，或称之为武昌起义，而那场革命的成功只是在她死后仅仅四年就完成了。

根据秋瑾“埋骨西子”的遗愿，秋瑾纪念碑于1930年在西子湖畔落成，碑座正面刻有蔡元培撰、于右任写的碑记，碑身镌有张静江的题书“秋瑾烈士纪念碑”。后壁上镌刻“巾帼英雄”四字，系孙中山先生生前手书。

秋瑾成为民国女性这部书的魁首人物，是因为作为民国的开创者，她的事迹震撼了一代又一代青年的心，激励他们在争取祖国解放和富强的道路上奋发图强。如果没有秋瑾等人的革命实践，也许那场关乎中国命运的革命来得还要更晚一些。

天津大侠霍元甲

先说一句套近乎的话，霍元甲是我的老乡！

霍元甲，字俊卿，清朝末著名爱国武术家，精武体育会创始人。祖籍河北省东光安乐屯（属沧州地区），世居天津静海小南河村。现在这个地方隶属于天津市西青区南河镇，为纪念霍元甲这位名震中外的爱国武术家，经天津市民政局审核并报天津市人民政府批准，其故乡天津西青南河镇自2009年1月18日起更名为精武镇。

他的武艺出众，又执仗正义，继承家传“秘宗拳”绝技，先后在天津和上海威震西洋大力士，是一位家喻户晓的民族英雄，他的一生虽然短暂，但却轰轰烈烈，充满传奇色彩。有多部影视作品描述他的事迹。

霍元甲生在一个秘宗拳的世家。父亲霍恩第以保镖为业，因霍恩第的秘宗拳出神入化，所以很多大商人都求他保镖，霍恩第只镖穷苦百姓，清白之人，对贪官污吏决不保镖。霍恩第有三子：霍元卿、霍元甲、霍元栋，元甲排行第二。

霍元甲幼时体弱多病。其父霍恩第是名显一时的秘宗拳师。他担心元甲习武日后有损霍家名声，拒不授艺于他。但元甲志存高远，他日日留心，处处参察，偷艺于父传兄弟之机，苦练于舍外枣林之僻。后为父知，受责。元甲保证绝不与人比武，不辱霍家门面，方准父兄一起习武。

没想到霍元甲后来居上，武艺竟然超过了哥哥和弟弟。

在二十四岁那年，一位武师来找霍家的麻烦，仅仅三招就把霍元甲的哥哥与弟弟打倒在地，而霍老爹此时年纪已经不小，霍家一门的荣辱就落在了霍元甲的身上。

没想到霍元甲与对方缠斗了五分钟，竟然将其打倒在地。父亲终于知道霍元甲天资聪颖，毅力惊人，功力有了长足长进，在兄弟之中出类超群。见此，霍老爹一改旧念，悉心传艺于他。后元甲以武会友，融合各家之长，将祖传“秘宗拳”发展为“迷踪拳”，使祖传拳艺达到了新的高峰。

光绪二十二年（1896年），山东大侠刘振声慕名来津，求拜于元甲门下。霍察其正直，遂收为弟子。从此破了霍家拳“传内不传外”的先例。元甲侠肝义胆。光绪二十四年（1898年），谭嗣同变法遇难，大刀王五避难津门，与元甲一见如故，遂成至交。后大刀王五在京遇难，被八国联军枭首示众。元甲与刘振声潜入京城，盗回首级，并取得《老残游记》作者刘鹗协助，将义士身首合葬，尽了朋友之义。

光绪二十七年（1901年），有一俄国人来津在戏园卖艺，他在报纸上登出广告，自称世界第一大力士，打遍中国无敌手。霍元甲见了广告，并听说俄国人还当场信口雌黄，侮蔑中国人无能，极为气愤，当即邀怀庆会馆主人农劲荪和徒弟刘振声前往戏园，见到俄国大力士在台上吹嘘自己是“世界第一大力士”，“病夫之国”如有能者，可登台较量。霍元甲在台下哪里还坐得住，不顾众人劝阻，一个箭步，气宇轩昂地跳上戏台，开门见山地说：“我是‘东亚病夫’霍元甲，愿在这台上与你较量。”此时翻译将霍元甲生平来历告知俄国人。此俄国人闻知霍元甲威名，不敢怠慢，连忙将霍元甲让进后台，霍元甲当场斥责俄国人：“为何辱我中华？”并提出三个条件：一是重登广告，必须去掉俄国人是“世界第一”的说法；二是要俄国人公开承认侮辱中国的错误，当众赔罪谢过；否则就是第三个条件：我霍某要与之决一雌雄，并命其当机立断，色厉内荏的俄国力士哪敢出场比武，只好答应了前两个条件，甘愿登报更正和公开承认藐视中国人的错误，从而灰溜溜地离开了天津。（当然也有史料记载是霍元甲亲自打败了俄罗斯大力士！）

霍元甲的旋风起源于前来中国走穴淘金的英国大力士奥皮音（也称奥比音）。这个来自英伦的“型男”在位于四川北路的亚波罗影戏院表演举重、健美等，严格地说，无非是个走江湖、卖把式的洋艺人，在技击格斗方面，只会些花拳绣腿的招式。

洋卖艺的当然也要吆喝，指望大清国人民有钱的捧个钱场、没钱的捧个人场。奥皮音的吆喝有点过头，在舞台上公然表示要与华人打一场擂台，被报刊记者们一炒作，成了对“东亚病夫”的挑衅与侮辱，深深地伤害了大清人民那本就敏感而易受伤的感情，于是，“沪人哗然”，群情汹汹，渴望着本土英雄们挺身而出，为国争光。霍元甲就在这个时候闪亮登场。

宣统元年（1909年），英国大力士奥皮音在上海登广告，辱我“东亚病夫”。

霍元甲应友人邀赴上海约期比武。慑于霍元甲拳威，对方以万金作押要挟，元甲在友人支援下，答应愿出万金作押。

为霍元甲在幕后做策划的，是他的哥们儿农劲荪。农劲荪在天津经商，身家富裕，在经济上一直照顾霍元甲。据说他也是霍元甲在政治上的启蒙者及几乎所有事业的幕后主持者，正是在他的谆谆教诲及不懈的包装下，霍元甲从靠拳头吃饭的一介武夫，最终树立了类似民族英雄般的光辉形象。

农劲荪是同盟会会员，他的背后还有一个更为隐秘的推动者：陈其美。陈其美是孙中山的助手，也是当时籍籍无名的蒋介石的结拜兄弟。身为青帮骨干与同盟会高级干部，陈其美在上海负责协调这两大帮派的造反事宜。依靠黑帮闹革命屡战屡败后，同盟会便越来越深刻地感觉到必须建立自己的武装。此时，大清政府正在全面推进政治体制改革，出现了中国历史上前所未有的宽容局面，在地方自治运动中，一些以强身健体为旗号的民间准军事力量纷纷出现，同盟会自然也要抓住机遇，“希望十年内训练出千万名既有强健体魄，又有军事技能的青年以适应大规模革命运动和改良军事的需要”（摘自《陈其美语录》）。霍元甲在江湖上名头响亮，而且又是农劲荪的哥们儿，自然是第一选择。

事实证明，同盟会策动霍元甲迎战已经在上海家喻户晓的奥皮音，是一次十分成功的“借势公关”。报刊连篇累牍地进行报道，霍、奥之战俨然成为事关中华民族尊严与脸面、彰显“黄魂”（即黄种人的魄力）的巅峰对决。

万众瞩目之下，策划者们开始在上海著名的“张园”内搭建大擂台，“高达4尺，宽广20尺”。霍元甲在报上刊登广告，高举爱国主义的大旗：“世讥我国为病夫国，我即病夫国中一病夫，愿与天下健者一试。”并宣称：“专收外国大力士，虽铜筋铁骨，无所惴焉！”

吊足胃口的霍、奥之战，最后没有上演。主流的说法是，奥皮音被霍元甲和其所代表的中国真功夫吓破了胆，落荒而逃，连公证人，操办者也逃之夭夭。

“不战而屈人之兵，善之善者也”，这样的结局，自然是大长了中国人民的志气，大灭了帝国主义分子的威风。

而据其间担任翻译的另一同盟会会员、孙中山的小同乡陈公哲回忆：“奥皮音初来中国，不晓国人拳术比赛方法，只取西洋拳术比赛规则，手戴皮套，只击腰围上部，不许足踢。霍元甲则以中国擂台打斗方法，手足并用，无所限制，如有死伤，各安天命。彼此协商，未能获得协议。”

其实，奥皮音无非是个跑码头的卖艺人而已，“嘴大”并不意味着“无脑”，自知之明还是有的，没必要非把大英帝国的荣誉套在自己身上，与中国功夫名家性命相搏。

总之，在这场高调宣扬的比武中，霍元甲已经不战而胜。为了满足台下观众的热情，主办者只好邀请观众上台打擂，“以不伤对方为原则，以身体倒地分胜负”。一场关系到民族荣誉的大战，至此演变为一场集体联欢。霍元甲及其徒弟自然是轻松获胜，自此在上海滩打响了名头。

天津大侠霍元甲

1910年6月1日，霍元甲在农劲荪等武术界同仁的协助下，在上海创办了“中国精武体操会”（后改名精武体育会）。孙中山先生赞扬霍元甲“欲使国强，非人人习武不可”之信念和将霍家拳公诸于世的高风亮节，亲笔写下了“尚武精神”四个大字，惠赠精武体育会。

精武体育会对会员之约束甚严，凡入会者，必有介绍人，入会后，若发现有不规矩行为，立予开除会籍。精武会创办于1910年，初由陈公哲，农劲荪，陈其美，陈铁生等倡导，是中国建立最早的体育团体。精武以体，智，德三星会旗和三星会徽为标记，代表精武以体，智，德三育为宗旨，倡导和发扬爱国，修身，正义和助人的精武精神，还定有包括人格，风度，言行，服务，友谊等行为规范。

霍元甲的品牌在上海滩立足后，同盟会再接再厉，于1909年当年就开始在闸北的王家宅筹备“精武体操会”，自然挂的是霍元甲的名头：由霍主持精武技击并习军事，农劲荪担任会长。

“精武体操会”宣称以提倡尚武精神为目的，招收12~35岁的健康男子，每人收会费银元2元。

其实，类似精武体操会这样的武术团体，在晚清及民国初年，如雨后春笋般在全国涌现。这其中，自然有着强身、强国的朴素追求，但背后也掺杂了各种政治势力跑马圈地、拉杆子聚团伙、以期实现“枪杆子里面出政权”的现实目的。无疑精武门也带有这样的性质，但是它在根本上带有一种强身健体的武术协会的目的。

有一次日本一个大力士团来中国要求比试，霍元甲因病派弟子刘振声接战比试，结果打败了日本力士。1910年9月，日本柔道会会长率十余名技击高手与霍较艺，又败在霍的手下。

由于“精武体操会”的首批会员七十三人成为日后反清的骨干，再加上屡次让日本人没面子，霍元甲成为了日本人的眼中钉，肉中刺。

1910年霍元甲在上海创立精武体育会之后数月内即逝世。霍元甲的死因成了一个谜。

有一个说法是霍元甲死于肝病，霍元甲长久以来患黄疸。但是，必须指出的是，1989年，霍家在给霍元甲与其妻坟墓迁移时，发现霍元甲的遗骨上有黑色斑点。经过天津市公安局实验室检测该黑色斑点为砷化物（即砒霜）。另外，当时霍元甲的主治医生是日本人。

根据精武体育会创办人陈公哲记录："霍先生原患有咯血病，自寓所深居时，时发时愈。日人有卖仁丹药物者，时到旅邸，出药示霍，谓之可愈咯血而治肺病。霍先生信之，购服之后，病转加剧。霍先生得病之由，谓少年之时，曾练气功，吞气横阙，遂伤肺部，因曾咯血，面色蜡黄，故有黄面虎之称。自迁之王家宅后，霍先生病转加剧，由众人送入新闸路中国红十字会医院医治二星期，即行病逝。众人为之办殓，移厝于河北会馆，时在1909年阴历八月间（此处有误，霍元甲卒年为1910年）。越一年运柩北返。"

根据上述证据表明，霍元甲中毒于9月14日身亡，终年四十二岁。

有传说霍元甲被日本人下毒药害死之后，他的爱徒陈真替他报仇。这个传说在20世纪60年代末70年代初首次被李小龙搬上银幕（电影《精武门》，李小龙演陈真）。但其实历史上并没有"陈真"这个人物。

霍元甲逝世后，当时精武会弟子和上海武术界爱国人士为霍元甲举行了隆重葬礼，敬献了"成仁取义"挽联，安葬于上海北郊。转年，由弟子刘振声扶柩归里，迁葬于小南河村南。上海精武会由元甲之弟元卿、次子东阁任教。各地分会相继分起，十数年后，海内外精武分会达四十三处，会员逾四十万之众。

霍元甲故居坐落在天津市西青区小南河，1986年天津市西青区人民政府重新整修。

1997年，在其原址翻盖成青砖瓦房的三合院。跨进小院门楼，是一镶有“福”字的影壁墙。影壁墙后面是一明四暗五间正房，小院左、右各有厢房一间，中间正房挂着霍元甲遗像，两侧是霍东阁在霍元甲遇害后所写的唁联“一生侠义，盖世英雄”。西屋霍元甲书房墙上高挂着孙中山为精武体育会的题词“尚武精神”。故居内陈列了一些霍元甲练武时所用的武器和精武会的会旗等文物，以及霍元甲生前用过的遗物。霍元甲陵园位于小南河村南，占地近一公顷，整体建筑采用轴线对称式布局。由神道、石狮、享殿、石牌坊、寝园组成。陵园还设有霍元甲生平事迹陈列馆，展览包括四部分：一、幽燕之初露锋芒；二、奋发智勇，誓雪国耻；三、创建精武，强国强种；四、爱国精神，发扬光大。霍元甲的棺木于1989年4月29日迁葬于此。

霍元甲故居纪念馆从建成之日起已有数万的爱国人士前来参观瞻仰，重温霍元甲这位爱国英雄的传奇事迹和感人精神。如今，纪念馆已列为天津市重点文物保护单位和天津市青少年爱国主义教育基地。

他的传奇被多次拍成电影及电视剧，大侠旋风，到现在也都还没有终结！

世人敬仰的叶师父

电影《叶问》是近些年来，中国少见的好看的功夫片，片中的主人公是国际巨星李小龙的师父叶问。

从而叶问这个人物走入了中国人的精神世界，迅速升为了中华义士的典范人物。

叶问是广东佛山桑园人，祖籍为南海罗村联星潭头村人，其父亲因避“红头军”之乱，才搬往佛山桑园居住。在七岁时，便拜师入陈华顺门下。

陈华顺是南海拳王梁赞的得意弟子，入门前以钱银找换业为生，人称之为找钱华。当时陈华顺年事已高，与叶问年龄相差四十岁之多，故叶问也以华公相称，而陈华顺对此年幼弟子极为疼爱，自收叶问为徒后，则不再接受任何人士拜门学技，叶问成为陈华顺封门弟子，各年长师兄如吴仲素、陈汝棉、雷汝齐等，对此年幼师弟，更是照顾有加。

华公逝世后，叶问再随师兄吴仲素钻研拳技。到叶问十六岁那年，远离佛山，赴港求学，所以叶问不同于一般的武夫，可谓是文武双全的儒将。

叶问在家族中排行第二，他家祖上颇为富有，其祖居佛山福贤路，号称“桑园”，为佛山一大家，桑园占地甚广，大屋连绵达数条街位，大门在左侧，为佛山著名的茶楼“桃园居”，隔邻为全佛山最著名的饼食店“公兴隆”，该店以芝麻饼见称。“桑园叶姓”在佛山，可说是无人不知。

叶问兴趣广泛，尤其喜欢参观斗蟋蟀，其原因是广东的蟋蟀非常勇猛善战，相斗即定输赢。因此两蟋蟀斗下来，可以大战数十回合，更有蟋蟀的腿都打断了，仍然勇猛搏杀，比起擂台大战，更为过瘾。除了斗蟋蟀，斗狗也是所好也，至于叶问观看斗狗，多是与另一武林高手共往参观，他就是蛇形刁手梁家芳师傅，他与叶问同是武林中好朋友，也是同乡，可说是深交。叶问闲暇之余，每日随三五好友在茶楼饮茶，偶尔也来几圈卫生麻将，可谓是惬意之至。

中国人在此年代，就被外国人看作“东亚病夫”，有一次叶问看见七八个外国海员当街欺辱妇女，一向喜欢打抱不平的叶问上前制止，与七八个外国大汉战在一处，但双拳难敌四手，不到几个回合就渐落下风，就在此时一个青年人大喊一声，挤入围观的人群，同叶问一同合战外国大汉，最终打得七八个外国人人仰马翻，落荒而逃，此青年人正是梁赞之子梁壁。

得知眼前的正是咏春大师梁赞之子，叶问当即拜其为师，因而有缘再随梁壁深造咏春拳技，转眼过了两三年时光，叶问因不断得到梁壁指点，使咏春拳技能臻入化境。

当然，还有一种说法。叶问当初遇见梁壁，是因为梁壁找到叶问，要求与他比武，但无论叶问如何进攻都被他一一化解。叶问一问，方知原来这是师叔梁壁。

民国初年，被誉为中国四大镇的佛山，每年都流行“秋色”游行盛会，以展示特殊的民族手艺，每年游行都是人山人海，更有来自外乡的游客。

在一次的“秋色”游行中，叶问与其表妹数人共观“秋色”游行，突有一当时的军阀排长对其表妹做出不礼貌行为，当时叶问身穿长衫，薄底礼绒鞋，甚似王孙公子打扮，而且体形并不高大，斯文一表，望似可欺负，对方便是色胆包天，上前欲对其表妹动手动脚。这时，却被叶问突然标身进步，以惯用的咏春拳手法，来个摊打齐发，即见对方当场应声倒地，一向欺压百姓的地方军阀，却突然败在一个斯文书生手下，哪肯咽下这口气，更是恶向胆边生，起身拔枪，当时的叶问，一个转马泻身来了个迅雷不及掩耳的手法，握住对方的左轮手枪，并以其大拇指的力量，直压左轮手枪的转轮，竟然把左轮手枪轻芯压曲，使其不能发射。（这个情节被原原本本地移植到了电影中，并非虚构的。）

在日军攻占佛山后，叶问的过人功夫，早被日本宪兵队闻悉，欲邀请担任宪兵队的中国武术指导被拒之后，指派武术高手与叶问比武，言明若叶问被打败则听命差使，叶问在无法拒绝的情况下，只好接受比武，来者却是身材高壮，拳重马健，叶问摆出咏春桩手，二字钳羊马，目视对方，却一言不发，诱待兵来将挡，对方抢先出手，以箭标马进迫，叶问即变前锋的桩手为耕手，耕去对方箭，并同时转身跪马，拿正对方前腿之后膝位，迫使对方突然失去重心，对方虽未中招，却是败相毕露，叶问也及时收马，一声承让，跳出比武画地，真是高手过招，点到为止。

事后，叶问在众人的掩护下逃走，而这场比武由于时间极短，被人戏称为“不到一分钟”。比武后的叶问，担心激怒日本军阀，暂离佛山，但却暗助我敌后工作开展，也曾参与军统培训。

抗日战争胜利后，叶问虽有一身武功，却放弃设馆授徒，在县府刑事单位任职，历任佛山警察局刑警队队长，升督察长、代理局长，担负除暴安良工作，曾亲手侦破佛山沙坊之劫案，并在升平路升平戏院内亲擒劫匪，更得上级赏识，最后于1949年出任国民党政府广州市卫戍司令部南区巡逻队上校队长。但此时期也有镇压地下党组织的行为。

1949年因为叶问去香港投靠表姐，留下妻子及三名年幼儿女，利用通行证，与大女儿先到澳门，后再到香港。叶问生前从来不说之前在内地的事，甚至连儿女都不知道。来港后换取身份证时，他自己改名叶溢，而且虚报生于1893年。这段历史在1978年内地改革开放后由好友李民在报章说及其出身。

叶问来到香港，由好友李民之推介，认识饭店公会理事长梁相，梁相也是武术爱好者，可说是武林中人，曾习龙形摩桥，得知叶问为咏春拳陈华顺门人，即行拜师学技，并请叶问在九龙深水埗大街的饭店公会公开传授，当时除李民、梁相外，尚有骆耀及其外甥卢文锦等，不到十人，而李民与叶问早已是世交，可说是亦师亦友，以后有叶步青、徐尚田等相继投入，由于求技者日渐增加，当时投入学技的，以九龙这边的人最多，由于求学咏春拳技的连绵不断，为了有更大的空间和场地，叶问再三迁换场地于九龙利达街、李郑屋村、九龙兴业大厦，并分出晚间若干时段，到香港荷李活道执教，使咏春拳技推遍港九每个角落。

叶问的弟子都愿意追随终身，叶问除了咏春拳外，全套108式桩法和八斩刀法皆在此时传出。李小龙和梁绍鸿是此处的早期学生。由于李郑屋村地方狭窄，并无处可放置木人桩设备，这时期的学生鲜能接触木桩长棍。

叶问在七十多岁时，其功力并不逊色于青壮年时代，时为香港黑社会抢劫之风最盛时期，因此叶问常在夜间四处巡视维护地区治安，一旦见到有流氓劫匪出刀意图抢劫路人，往往只见黑影一现，叶问就以疾风式的蹬踢踢向流氓，瞬间劫匪被踢出十数尺之外倒地不起。利达街也因此成为香港唯一安宁的地方。叶问也因此多次受到香港政府的表彰，得到“优秀市民”的称号。

叶问正室为其生两子两女，长子叶准，次子叶正。其妾室为其生一子，名叫叶少华。另还有一女，名字不详。由于是同父异母的兄弟，叶问死后，两个儿子和一个女儿分完家产，来往甚少。

叶问晚年后期收授梁挺为封门弟子，将当时咏春体育会班徒交与梁挺继续教授并委以咏春体育会总教练职务；及后由梁挺所创办的“国际咏春总会”发展出来的梁挺咏春拳系，发展遍布全球65个国家和地区、4000多个支部，子弟门人近200万之众，蜚声国际、载誉全球；国际咏春总会成为目前全球最大的武术组织。

梁挺成立“咏春梁挺拳术总会”，当了总教练来继续传扬咏春拳，叶问不但不反对，更亲书“树大根深，枝叶茂盛，哪怕强风摇动”给梁挺以作鼓励，并让当时体育会负责人邓生对同门放言“不钦定继承人；让功夫了得、子弟众多、声名显赫的人，自承继承人”。

叶问的特别厚爱与青睐，赋予了梁挺无比强大的力量，推动着梁挺倾力毕生对咏春拳赤诚地承、炙热地传，不遗余力、完全奉献。这股力量，承载着“梁挺咏春”成功穿越不同国界、不同民族、不同语言、文化与风俗习惯，将原本秘而不传的咏春拳，从个人授艺，发展遍及全世界。

国际咏春总会成为目前世界最大的武术组织，让叶问与咏春拳蜚声国际、载誉全球。梁挺作为咏春拳一代宗师，被国外众多媒体美誉为“咏春王”、“武术界的成吉思汗”。梁挺咏春得到包括叶问所传的咏春其他各派系、门人们的一致追捧，引以为傲，咏春拳的起源与发展，一致被认定为“起于严咏春，衍于梁赞，传于叶问，盛于梁挺”！

叶问众弟子当中就有青出于蓝而胜于蓝的，其中就有使中国武术闻名世界的功夫之王李小龙。

回首当年，李小龙出生在美国，但他的童年和少年时光是在香港度过的。小时候的李小龙身体十分瘦弱，父亲为了强健儿子的体魄，便教其打太极拳。而李小龙本身就喜欢尝试新奇的事物，喜欢冒险，特别是户外运动。于是他彻底迷上了武术，除了太极拳，他还学过咏春拳、洪拳、少林拳等拳种，为今后自创打下了坚实的基础。

李小龙是在街战失利及受好友张卓庆的影响而决定投入到咏春门下的。因为李小龙突然间感觉到张卓庆的技击犀利了许多，原因是他学习了咏春拳，所以在张卓庆的介绍下他亦正式拜入了叶问宗师的门下，而开始系统学习咏春拳。当然开明的叶问亦不反对李小龙继续练习太极拳，也不反对自己的弟子与别的拳派过招，相反他还特别注重实战训练，因为他知道一个拳派要想生存下去靠的就是自己的实力，习武者只有在“讲手”或“实战”中，才能不断地完善与强大自己。这一切，均对李小龙影响至深。

在很多时候虽然是由师兄黄淳梁代师授艺，但黄淳梁亦为一位咏春闯将，号称香港“讲手王”，他的性格又与小龙投缘，加上叶问十分喜爱聪敏好学的小龙，而传给了他很多咏春诀要，这一切均使小龙迅速成长为一位咏春高手。后来李小龙独创一门拳学而成为一代创派宗师，但他的截拳道仍有着咏春的影子，截拳道中一些核心技术仍与咏春基本类似，李小龙在咏春的基础上又进行了升华与革新。所以说，李小龙宗师后来功高盖世，而咏春拳对他的影响亦不可小觑。

美国报刊甚至把他誉为功夫之王，日本人甚至称他为“武之圣者”，香港报纸也赞誉他为“当代中国武术及电影史上的奇才”。

李小龙约在1954年间，在利达街武馆内拜入叶问门下，而他确实相当投入，从不缺课，但因移民美国，可惜未能连续学完所有拳法，发达后的李小龙，曾再亲访叶师，希望能学得咏春拳的木人桩法，并提出以一间楼宇的代价请叶师亲自示范全部咏春木人桩法，由李氏拍摄成影片携带回美国自行学习，却被叶问婉言所拒，若干弟子则认为李小龙之优厚条件，师父未能接纳，以为可惜，但叶师其本人意愿是只要求学者有心学技，则全力传授，最重要的是更不能厚此薄彼，此种大家长作风，甚为其门下弟子所爱戴。

叶问曾戏言李小龙是个“短命种”，没想到一语成谶。原来，李小龙的双脚天生有小缺陷，走路的时候有一点上下“颠”。普通人不一定能看出这个缺陷，心明眼亮的叶问却早已看出他这个特征，笑言李小龙走路时脚跟不到地，正是短命相。李小龙天生平足，不但走路时脚跟不到地，早期更不能以整个脚掌触地的姿势蹲下来，这是叶问及其他与李小龙要好的师兄都知道的。所谓“走路脚跟不到地便短命”的传言，其实并非叶问首创，他以此作为笑谈而已。

几年后李小龙再回香港探望叶问及师兄弟。一次与几位同门吃夜宵时，小龙故意问叶问“信不信我现在可以蹲下来”，叶问微笑不语，知道他已凭苦练克服此缺陷。

叶问与黄淳梁对李小龙六年的深刻教诲，使他由一个巷战少年而过渡为真正的武术高手，当然这亦是李小龙后来成为武学大家的一个必然的前提。李小龙是世界一流的功夫大师，但他首先是一位名贯香江的咏春闯将。李小龙后来在世界武坛上的辉煌成就，也为咏春拳的世界性传播做出了虽为间接但却最实际的极大的贡献。李小龙后来移民美国，但他一直钻研功夫，有疑惑就打越洋电话向叶问请教。

叶问大师于1972年12月1日在香港病逝。咏春拳术，从一套女儿家的自卫术发展到实战技击之上，并在数十年间急速发展。咏春拳一代宗师，精神永在，为后世门人所敬仰。

终 章 义士的文学归宿

>>>

武侠小说是中国通俗旧小说的一种重要类型，多以侠客和义士为主人公，描写他们身怀绝技、见义勇为和叛逆造反行为。中国最早出现的长篇武侠小说为清代古典名著《三侠五义》。

武侠文学的源头当有二：一是汉初司马迁的《史记》中的游侠、刺客列传；二是魏晋、六朝间盛行的“杂记体”神异、志怪小说。

火药没有发明之前，刀枪剑戟都被称为冷兵器，在冷兵器时代，个人的武术技巧就显得十分重要，它既可保家卫国，又可以用它求取功名富贵，尤其是统治者，更是十分看重，在中国古代教学，是文武并重的，《周礼》中记载“六艺”。六艺中的射与御，就是射箭、驾战车挥刀枪作战的。

据今已有两千多年，至南朝刘宋时，已有武术之称。会武术的人，一方面进入朝廷的军队，成为职业军人，这类人为朝廷所用，自然也就会在浴血沙场的同时，求得功名富贵。

但总有一类人，他们因各种各样的原因流落民间，又自恃一身好功夫，挑战权贵、邪恶，扶危济困，这也原本没有错，但也有因所谓重感情、讲义气而犯糊涂的时候，只为报恩或复仇，可以置国家法律与他人利益于不顾，这就是韩非子说的：“侠以武犯禁。”但如果在一个政治黑暗民不聊生的朝代，当侠客们啸聚山林，当起“绿林好汉”来“替天行道”，公然与当权者叫板时，这种行为，却得到老百姓的拥戴，这同时也是侠客植根人们心中，得到人们喜爱的重要原因，如《水浒传》中的鲁智深、武松等。

最初的侠客多是独立的，个人的行为，如《史记》中记载的聂政及著名的荆轲刺秦王的故事。这样的人和事，在春秋战国时期还不少，当时由于七国之间争霸称雄，恩恩怨怨很多，各国权贵们都争相征贤纳士，这里的士，就是指武士，如当时的信陵君、平原君都养了好几百甚至上千的这类食客，这也就给这类武士侠客们创造了生存条件，他们大多以侠义著称，或为国，或为报主人之恩，充当刺客，甚至不惜舍生取义。这是封建时期的一大社会特点，欧洲中世纪时期的骑士，以及日本的武士，都与其类似。

这些侠义武士，历朝历代都有，他们那种大义凛然，扶危济困，路见不平拔刀相助，不畏强权，不畏残暴的武侠精神，十分为人们所敬仰。这些武术人士大多是真人真事，瓦岗寨、水浒中的侠客们不提了，如少林武功，武当派武功都是实实在在的武术流派，也有不少名家出自这些派别，弘扬了武术精神。

不过，另一类侠客就与许多武侠小说有些类似了，他们似乎总存在于事实与虚构之间，这也似乎很深地影响了后世武侠小说的产生与发展，他们总是带有神奇性和神秘性，有的甚至过分夸大了武术本身的功能及作用，但这种以超人形象出现，除暴安良的武侠，又恰好反映了人们的希冀和愿望，这当中对后世武侠小说影响最深的有三个人物形象，那就是赵处女、红线和昆仑奴。赵处女源自《吴越春秋》，红线出自唐袁郊撰《甘泽谣》，昆仑奴则出自唐《传奇》，历史上，许多身怀绝技的武侠常常愿意退隐江湖，这是因为人心叵测，即便是恩重如山的主人们也是如此，这种思想也影响了后世许多武侠的为人和武侠小说的创作。而从另一个角度讲，官场的腐败与黑暗，也使他们更愿意洁身自好，不愿意同流合污，这也是武侠们得到人们尊敬的重要原因，同时也是文人们一种理想的人文精神，所以历朝历代有那么多的文人愿意记录书写创作这些武侠故事，也是一个重要原因。

唐朝涌现出一批描写豪侠之士及其侠义行为的传奇作品，内容涉及扶危济困、除暴安良、快意恩仇、安邦定国等方面，于中突出豪侠人格的坚韧刚毅和卓尔不群，武功的出神入化，功业的惊世骇俗，由此展现出一种高蹈不羁奔腾流走的生命情调。《甘泽谣》之《红线》（袁郊，被称为中国第一部武侠小说），《传奇》之《聂隐娘》、《昆仑奴》（裴铏著，其中聂隐娘的武功训练方式对后世影响极为深远），杜光庭所作的《虬髯客传》更是晚唐豪侠小说中成就最著名的一篇。

唐人传奇树立了文言“武侠”的典范之后，经五代以至宋朝，在题材上并没有什么突出的发展，多是对唐传奇的模仿。但这一时期在文学史上却有着重要意义，它在语言上有开创性的意义。“说话艺术”，也就是评书在民间广泛流传，这种白话形式的小说与后来的武侠小说颇具渊源。

宋元小说话本中的爱情故事，又往往突出女性对爱情生活的主动追求。这些奇女子对爱情的大胆追求，即使放到现代的武侠小说中依旧存在着迷人的魅力。这样的主题思想固然提高了武侠小说的思想水平，使得通俗文学在思想意义上扮演着“雅文学”的角色。

自宋以后，文言武侠逐渐衰落下来。白话公案、侠义小说则成了中下层劳动人民喜闻乐见的文学式样。

明代的《水浒传》是中国第一部长篇白话小说，《水浒传》被誉为武侠小说的萌芽，这部书里最具有武侠特征的人物是武松和鲁智深，其身上都有先秦侠风，而鼓上蚤时迁又是第一个能穿房越脊的人物，对后世武侠起到很大的启蒙作用。

然到了清代中期出现的《三侠五义》，是中国第一部具有真正意义的长篇武侠小说，对中国后世武侠小说乃至文学艺术影响深远，称得上是武侠小说的开山鼻祖，由此掀起了各类武侠题材文学作品的高潮。《三侠五义》有关武功技击（如点穴、暗器、剑诀、刀法、轻功提纵术等）、江湖勾当（如闷香、百宝囊、千里火、夜行衣靠、用毒、皮脸面具等）以及机关埋伏（如八卦连环堡）种种名目之演述，均对以后武侠小说之内容素材有决定性之影响。

此后武侠公案、短打评书盛极一时，例如《五女七贞》、《永庆升平》、《小五义》，民国《三侠剑》、《雍正剑侠图》等纷纷问世，清末民初亦有大量知识分子投身武侠小说创作，写了很多脍炙人口的佳作，比如王度庐的《卧虎藏龙》，还珠楼主的《蜀山奇侠传》，一直到港台金庸的《射雕英雄传》、古龙的《楚留香传奇》、温瑞安的《四大名捕》等武侠小说都在它的影响之下。

后来以金庸、梁羽生为代表的新武侠小说的崛起，则是近几十年的事。尤其是金庸的武侠小说，造就了不少金庸迷。金庸也不愧为一代武侠小说大师，他丰富的历史知识，深厚的阅历，对武侠精神的理解，对武术知识的掌握，精彩的叙事与描写，对人物性格的把握，确有许多过人之处。《射雕英雄传》中的许多历史、人物，如南宋时宋与金、元的错综复杂的关系均有历史史实依据，而丘处机等历史人物也确有其人，将真实与虚构有机结合，同时又兼有北派武侠小说社会、言情、技击、神怪四大派之长，同时又完全不同于这四大派，有了新的创新和发展。

金庸的历史武侠小说，真正地让我们体会到了历史人物如何置身在历史的洪流中，彰显义士的本色。

而最后，我把金庸小说中的人物与历史中的真实人物相对照，让大家可以全面地了解武侠人物与活生生的历史人物之间的差别！

萧峰（1030–1065），辽朝大臣，契丹乙室部人。道宗（耶律洪基）即位后，历文班太保，同知枢密院事。重熙十七年（1048年），从耶律仁先伐阻卜部，破之。十八年，讨敌烈部，为敌烈部节度使。二十年（1055年），同知南院宣徽使事，迁北面林牙。清宁九年，密奏耶律重元父子有阴谋。及重元叛，同耶律仁先起兵平叛，追耶律重元至北漠，逼重元自杀。以功封南院大王。咸雍元年，病死。辽道宗谥号文忠，追封辽西郡王。

杨过（1236–1267），南宋末将领。字改之，北宋名将杨延昭（杨六郎） 六世孙。宝佑二年（1254年），年十八，从王坚在合州（今四川合川）筑钓鱼城，以御蒙古，城筑就，升都统制。善骑射，军中号“飞将军” 。开庆元年（1259年）。蒙古大汗蒙哥率军围合州，他与王坚并力坚守，使蒙古攻九月之久而不能下。七月，射杀蒙古大汗蒙哥，大败蒙军，以功调任向阳城守备使。咸淳三年（1267年），蒙古军围襄樊，战死。

郭靖（？ –1269），南宋末士兵。为宋京湖安抚制置使吕文德龙卫兵小卒，咸淳五年（1269年），蒙古军围襄阳城三年余，一日，吕文德读丘睿《感事诗》有“郭靖杨过张无忌”语，见其名列杨过之前，于是被召用。郭靖勾结茅山道士黄药师（桃花岛），伪称能施六丁六甲法，用七千七百七十人，可生擒忽必烈而退蒙古兵。吕文德深信不疑，授以官职，赐金巨万。 郭靖募城中市井无赖为六丁六甲之兵。又曰：“择日出兵三百，直袭蒙古大都（今北京）。”及开城门作战，与黄药师坐城楼作法。蒙古军蜂拥入城不守。吕文德大叹：“误国家者，你也；误国家者，我也。”将郭靖和黄药师斩首，尔后，吕亦自刎死。

张无忌（？ –1366），元末北方红巾军领袖。父祖皆为白莲教教主，其父起义失败牺牲后，他与母殷氏逃奔杭州，后匿东海居砀岛上。至正十五年（1355年），被刘福通迎至亳州（今安徽亳县），建宋政权，改元龙凤，称帝，号“小明王”。以杨逍、范遥为左右丞相；刘福通、罗文素为平章，刘六知枢密院事。未几，刘福通杀杨逍，任丞相，进封太保，改行中书省，辖毛贵、赵均用、朱元璋等部。及遣三路军北伐，龙凤五年（1359年）五月，移都汴梁（今河南开封）。八月，退居安丰（今安徽寿县）。九年二月，张士诚命吕珍袭安丰，朱元璋率军解围，迎他至滁州（今安徽滁县）。十二年，被朱元璋部将常遇春溺死于瓜步江中。

段誉，大理国主，又名段和誉。1108年至1147年在位。年号日新、文治、永嘉、保元、广运。宋大观三年（1109年）遣使至宋京师，贡麝香、牛黄等物，宋封为云南节度使大理国王。南宋绍兴十七年（1147年）避位为僧。谥号宪宗宣仁皇帝。

段正淳，大理国主，段思廉孙。1095年至1108年在位。宋绍圣元年（1094年），高升泰夺其兄段正明皇位，次年升泰卒，遗命以国还段氏。升泰子泰明立他为王，改国号为后理，年号天授、天明。但大权仍操高氏之手。封泰明为中国公，其鄯阐领地中国。高氏世代为大理国相，称高国主。崇宁二年（1103年）曾遣使高太入宋求经书、药书。宋大观二年（1108年）避位为僧，谥号中宗文安皇帝。

王重阳（1112–1170），金朝道士，全真教创始人，原名中孚，字允卿，学道后改名吉，字知明，号重阳子，世称重阳真人。咸阳（今陕西咸阳）人。天眷初曾应武举，中甲科。大定元年（1161年）穴居终南县南时村，号“活死人墓”。七年赴山东宁海（今山东牟平）传道，筑全真庵，创全真教。主张道佛儒三教合一，又制定道士出家制度。其徒马钰、谭处端、刘处玄、丘处机、王处一、郝大通、孙不二号全真七子，北七真。著有《重阳全真集》、《重阳教化集》、《立教十五论》等。元世祖赠号“重阳全真开化真君”。元武宗加赠“重阳全真开化辅极真君”。

袁承志（？－1651），明末农民起义首领，辽东巡抚袁崇焕之子，崇祯三年（1130年），崇焕被冤杀于京师，其为崇焕部将左辅救出，投王嘉胤。四年四月王嘉胤死，代领其众。至八年（1635年），有众数万，为“十三家”首领之一。崇祯十一年，起义军普遍受挫，多受抚降明。他与贺一龙、马守应、刘希尧、贺锦等转战至英、霍山区，坚持斗争，号“左革五营”。十四年与张献忠联合。十五年，李自成起义军席卷河南地，又率部附自成。大顺政权建立，受封制将军。顺治二年（1645年）与李锦、高一功等入湖南，联合南明永历帝共同抗清，因受南明朝廷排挤、歧视，随高一功退入广西。八年，由黔入蜀途中，遭孙可望阻击牺牲。

陈家洛，清朝武士。江宁（今浙江海宁）人。少时以武闻名。康熙间，客于京师显贵之家，以武术技艺闻名当世。雍正时，因浙江总督李卫镇压顾云清反清案受株连，但未被处死。至乾隆登基后去世，终年八十岁。旧时江湖间流传其侠义之事颇为广泛。

谨以此章作为本书的终结，意在告诉世人，义士的黄金时代已经过去，在我们的脑海中，义士只是童话，而那些生活在我们身边的人才是真实的。

我们应该从他们的身上体会到义的存在，用自己的善良去做善事！这才是义！

其实，我们每个人都能做义士，只是愿意或不愿意而已。

后 记

前几日，刚读完王开岭先生的《一个守墓家族的背影》，读来让人苍凉贯骨。

书中讲述的是一个家族三百年间，从晚明到现在，生于守墓，逝于守墓，继承守墓，好像走上了一条无尽的不归路，这规矩在佘氏家族代代相传，370多年，这个家族共17代人恪循祖训，满怀忠义，栖息在远离祖籍的北京广渠门的皇城根下，守着袁崇焕的墓，也守着逝去的一代代先人，他们心底守着先人心底守着的东西。袁崇焕的墓，就是佘家的人的出发地和归宿。但这墓现在尴尬到搬迁，一种精神被拦腰截断。到大家都争先去啖袁崇焕肉的时候，佘义士没有盲从，他以一个仆人的判断为袁崇焕在心底竖立了一座纪念碑，而当时的如此举止是要冒灭门诛族的大风险的。

这个家族是寂寞的，一直都在边缘活着，在生存的边缘，也在历史的边缘。这个家族永远只是孤苦伶仃，形单影只。

“义”这个字在现代蒙上了一堆灰尘，它像是一张薄薄的纸，吹气就透。

有的人说，“义”指的就是“正义”，其实这个字是蕴含了丰富的含义的。这个守墓家族其实就是“义”的奉行者，因为他们知道“义”是一种世代传承的信仰，而并非是一时而起的正义。

“义”的精神随着时代的变迁，如今已演变成一种公民意识和公德心。在国家大力建设和谐社会的当下，或许不需要像以前的侠客那样流血牺牲，但“义”的精神仍然不可丢。孔庆东教授在回答当下社会需要怎样的“义”的精神时说：“军人不怕死，干部不爱钱，对内保黎民，对外抗霸权。”

我想这几十个字，才是真正懂得“义”的人所应该做的！

当代很多人缺乏社会责任感。人们只讲自己的权利不讲自己的责任，只讲我应当得到什么。

现在的人很少能自我反省、道歉、认错，千方百计为自己辩护都说自己没错，只要不犯法就可以，想方设法做使自己利益最大化的事情，犯了法请律师狡辩，只要自己不受惩罚就可以。我要说他们根本不懂得“义”到底是什么？

“义”的精神并非挑战或者推翻现有的社会制度或者法制裁判，而是在补救这些制度弊端造成的不公正，换句话说，“义”的精神是通过对社会底层人士的救助实现相对平等而不是风风火火地造反。

“义”的精神从局部来看，是一种对弱势群体的救助，但宏观地看，“义”的精神更是对整个社会的一种民间力量的弘扬。“义”的精神是对国家制度出现空白后的一种民间力量的补救。单个的“义”体现在救助困难群体，而放大了的“义”是民间力量和声音对国家和社会的一种责任和态度。

在金庸先生的代表作《射雕英雄传》中，郭靖大侠领导襄阳城军民抗击蒙古大军入侵，正是对“义”的精神最好的注解：“侠之大者，为国为民！”

本书的作用也许没有这么大，但是希望大家能从这本书的写作中，真正理解“义”的精神的真义，我想如果真能有这样的效果，那么我这几个月的努力才算没有白费。

也许这不是一本百万销量的畅销书，但能借此书唤醒一万或是一千，甚至更少人心中的那股力量，这也是我十分欣慰的事情了！

尹剑翔

2014.9.22

图书在版编目（CIP）数据

品义士 / 尹剑翔著.-- 哈尔滨：黑龙江教育出版社，2014.8

ISBN 978-7-5316-7828-1

Ⅰ.①品… Ⅱ.①尹… Ⅲ.①历史人物—人物研究—中国—古代 Ⅳ.①K820.2

中国版本图书馆CIP数据核字(2014)第203993号

品义士

PIN YISHI

作　　者　尹剑翔
选题策划　邢万军
责任编辑　邢万军
封面设计　上尚装帧设计
责任校对　徐领弟

出版发行　黑龙江教育出版社（哈尔滨市南岗区花园街158号）
印　　刷　北京鹏润伟业印刷有限公司
新浪微博　http://weibo.com/longjiaoshe
公众微信　heilongjiangjiaoyu
E-mail　heilongjiangjiaoyu@126.com

开　　本　787×1092　1/16
印　　张　17.5
字　　数　204千字
版　　次　2015年1月第1版　2015年1月第1次印刷
书　　号　ISBN 978-7-5316-7828-1
定　　价　35.00元